好川文化集萃

赵贤伦题

好川文化集萃

浙江省文物考古研究所
遂昌县文化广电新闻出版局 编著

王海明 主编

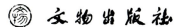
文物出版社

图书在版编目（CIP）数据

好川文化集萃 / 王海明主编；浙江省文物考古研究所, 遂昌县
文化广电新闻出版局编著.—北京：文物出版社，2017.11
    ISBN 978-7-5010-5456-5

    Ⅰ.①好…   Ⅱ.①王… ②浙… ③遂… Ⅲ.①文化遗址—介
绍—遂昌县 Ⅳ.①K878
    中国版本图书馆CIP数据核字（2017）第277682号

好川文化集萃

编   著：浙江省文物考古研究所
          遂昌县文化广电新闻出版局

封面题签：鲍贤伦
责任编辑：谷艳雪
封面设计：程星涛
责任印制：陈　杰

出版发行：文物出版社
社　　址：北京市东直门内北小街2号楼
邮　　编：100007
网　　址：http://www.wenwu.com
邮　　箱：web@wenwu.com
经　　销：新华书店
印　　刷：北京荣宝燕泰印务有限公司
开　　本：889mm×1194mm　1/16
印　　张：10.5
版　　次：2017年11月第1版
印　　次：2017年11月第1次印刷
书　　号：ISBN 978-7-5010-5456-5
定　　价：228.00元

永远的怀念。2013年9月15日，张忠培先生专程赴遂昌，在汤显祖纪念馆观摩好川墓地出土陶器。

1997 年 4 月 22 日，浙江省文物考古研究所王海明、刘斌星夜赶赴好川岭头岗做考古调查。

1997 年 4 月 24 日，浙江省文物考古研究所所长刘军（右）到好川墓地发掘现场指导工作，王海明（左）在介绍调查情况。

北京大学严文明教授一直非常关注浙西南地区的史前考古工作。1997 年 5 月 25 日，严先生至好川墓地发掘现场考察指导。图中从左至右为詹建胜、王海明、王明达、严文明、刘斌。

1997 年 5 月 25 日，严文明先生在好川墓地发掘现场。

1997 年 6 月 12 日，浙江省文物局鲍贤伦局长（后排左五）至好川岭头岗工地视察，与现场考古人员合影。

目 录

好川文化的发现与研究 / 王海明　朱叶菲 I

典型遗址 2I

    好川墓地 22

        好川墓地1960年卫片 24

        好川墓地2000年卫片 24

        好川墓地2015年卫片 25

        好川墓地地形地貌 26

        好川墓地东北坡地形地貌 27

        好川墓地墓葬分布图 28

        好川墓地全景 29

        好川墓地M4 30

        好川墓地M8 ....3I

        好川墓地M14 32

        好川墓地M32 32

        好川墓地M60 33

        好川墓地东北坡发掘现场全景 34

        好川墓地2004M5 35

        好川墓地2004M13 35

    曹湾山遗址 36

        曹湾山遗址地形地貌 38

        曹湾山遗址发掘现场 39

        曹湾山遗址发掘现场 39

出土器物 4I

    陶器 42

        鼎　M15：9 / 好川墓地出土 43

        鼎　M9：1 / 曹湾山遗址出土 44

        鼎　M7：10 / 好川墓地出土 45

        鼎　M33：6 / 曹湾山遗址出土 46

鼎　M32：3 / 好川墓地出土...47

三足盘　M14：6 / 好川墓地出土...48

三足盘　M60：8 / 好川墓地出土...49

三足盘　M4：12 / 好川墓地出土..50

豆　M26：6 / 好川墓地出土...51

豆　M12：17 / 好川墓地出土...52

豆　M51：17 / 好川墓地出土...53

豆　M15：4 / 好川墓地出土...54

豆　M34：4 / 好川墓地出土...55

豆　M73：10 / 好川墓地出土...56

豆　M52：16 / 好川墓地出土...57

豆　M31：5 / 好川墓地出土...58

豆　M36：6 / 好川墓地出土...59

豆　2004M13：4 / 好川墓地出土...60

豆　2004M5：2 / 好川墓地出土...61

豆　M9：12 / 好川墓地出土...62

豆　M10：20 / 好川墓地出土...63

豆　M57：10 / 好川墓地出土...64

豆　M4：24 / 好川墓地出土...65

豆　M14：4 / 曹湾山遗址出土...66

豆　T2H1：4 / 江山山崖尾遗址出土...67

豆　M31：11 / 好川墓地出土...68

钵形豆　M49：12 / 好川墓地出土...69

钵形豆　M4：13 / 好川墓地出土..70

豆　江肩（四）5：3 / 江山山崖尾遗址出土..................................71

豆　M7：23 / 好川墓地出土...72

豆　M36：3 / 曹湾山遗址出土...73

圈足盘　M8：15 / 好川墓地出土...74

圈足盘　M7：24 / 好川墓地出土...75

圈足盘　2004M6：2 / 好川墓地出土...76

圈足盘　M35：5 / 曹湾山遗址出土...77

簋　2004M8：3 / 好川墓地出土...78

簋　2004M23：1 / 好川墓地出土...79

罐　M4：10 / 好川墓地出土...80

罐　M11：6 / 曹湾山遗址出土...81

罐　M31：5 / 曹湾山遗址出土...82

三喙罐 M20：2 / 好川墓地出土 83

三喙罐 M14：8 / 好川墓地出土 84

三喙罐 M59：3 / 好川墓地出土 85

罐 M69：1 / 好川墓地出土 86

罐 M31：2 / 好川墓地出土 87

罐 M14：2 / 曹湾山遗址出土 88

罐 M71：7 / 好川墓地出土 89

釜 M12：1 / 曹湾山遗址出土 90

壶 M49：10 / 好川墓地出土 91

壶 2004M3：1 / 好川墓地出土 92

壶 2004M13：2 / 好川墓地出土 93

壶 M11：2 / 曹湾山遗址出土 94

壶 M21：1 / 曹湾山遗址出土 95

壶 2004M5：4 / 好川墓地出土 96

壶 2004M13：1 / 好川墓地出土 97

壶 M14：1 / 曹湾山遗址出土 98

壶 M28：2 / 曹湾山遗址出土 99

鬶 M32：12 / 好川墓地出土 100

鬶 M41：1 / 好川墓地出土 101

鬶 M18：10 / 好川墓地出土 102

鬶 M49：19 / 好川墓地出土 103

鬶 T2H1：1 / 江山山崖尾遗址出土 104

鬶 M10：6 / 好川墓地出土 105

盉 M4：27 / 好川墓地出土 106

盉 M49：11 / 好川墓地出土 107

盉 M28：9 / 好川墓地出土 108

杯 M36：2 / 好川墓地出土 109

杯 M32：7 / 好川墓地出土 110

杯 2004M18：3 / 好川墓地出土 111

杯 2004M5：3 / 好川墓地出土 112

杯 M27：6 / 好川墓地出土 113

尊 M60：6 / 好川墓地出土 114

大口尊 M29：4 / 好川墓地出土 115

熏 M4：8 / 好川墓地出土 116

单把大盘 M4：26 / 好川墓地出土 117

甗 M35：4 / 曹湾山遗址出土 118

石器 120

　　石钺　M47：2 / 好川墓地出土 121

　　石钺　M14：1 / 好川墓地出土 122

　　异形石钺　M13：4 / 好川墓地出土 123

　　石钺　采：08 / 好川墓地出土 124

　　三孔石刀　M29：33 / 好川墓地出土 126

　　弧背石锛　M38：2 / 曹湾山遗址出土 127

　　石锛　T102②：3 / 曹湾山遗址出土 127

　　石镞　M14：4 / M29：26 / M29：21 / M14：22 / 好川墓地出土 128

　　石镞　T102②：8 / 曹湾山遗址出土 129

　　石镞　T303②：29 / 曹湾山遗址出土 129

玉器 130

　　玉钺　M29：32 / 好川墓地出土 131

　　玉钺　M56：2 / 好川墓地出土 132

　　玉钺　M2：20 / 好川墓地出土 133

　　玉锥形器　M60：1 / M1：3 / M53：1 / 好川墓地出土 134

　　玉锥形器　M41：2 / 曹湾山遗址出土 135

　　玉锥形器　M37：4 / 曹湾山遗址出土 136

　　玉琮形管　M51：10 / 好川墓地出土 138

　　玉方管　M30：3 / 好川墓地出土 140

　　玉钩形器　M2：1 / 好川墓地出土 141

　　玉饰片　M1：1 / 好川墓地出土 142

　　玉饰片　M60：2 / 好川墓地出土 146

　　玉饰片　M62：4 / 好川墓地出土 149

　　玉饰片　M23：3 / 曹湾山遗址出土 150

漆器 152

　　漆觚　M8：2 / 好川墓地出土 153

　　漆觚　M39：2 / 好川墓地出土 154

　　漆觚　M47：13 / 好川墓地出土 154

后记 155

好川文化的发现与研究

——纪念好川墓地发掘 20 周年

◎ 王海明　朱叶菲

［1］
浙江省文物考古研究所：《浙江考古新纪元》，科学出版社，2009 年。

［2］
浙江省文物管理委员会、浙江博物馆：《浙江新石器时代文物图录》，浙江人民出版社，1958年。

1997 年好川墓地发掘，2001 年《好川墓地》出版，提出好川文化命名。新考古资料的发表，自然引起了考古学者的关注与讨论，除了探讨好川墓地文化属性外，对好川墓地年代问题的讨论好像更多些，为此笔者还撰文《好川文化的几个问题》回应学术界。2002、2004 年，温州曹湾山遗址（原名老鼠山遗址）和好川墓地平民墓区先后发掘，丰富了好川文化的考古资料。这两次发掘只在《中国文物报》和《浙江考古新纪元》[1] 作了简要的报道，没有系统全面公布考古资料。今年是好川墓地发掘 20 周年，回顾好川文化的发现与研究，感慨良多。

1936 年，施昕更先生在他的家乡良渚，进行考古试掘，发现良渚遗址，著写《良渚——杭县第二区黑陶文化遗址初步报告》。这位良渚文化发掘研究的开拓者，英年早逝，抗战时期病逝于瑞安。

1956 年，温州瑞安山前山遗址进行了试掘，开启了浙西南考古工作的先河。夏鼐先生在《浙江新石器时代文物图录》"序"中指出："浙江南部的新石器文化是另一种文化，可用瑞安山前山遗址为代表。这里以石箭头为最多，陶器以篮纹为主。"[2] 夏先生以敏锐学术眼光认识到浙江南部新石器文化不同于浙江北部的良渚文化，是另一种文化，并总结了其最主要的文化特征——石箭头和篮纹陶器，但没有直接命名其为山前山文化。

1977 年冬至 1979 年夏，牟永抗先生在浙、闽、赣三省接壤地的江山南区，对古遗址、古墓葬进行了调查，并在山崖尾遗址进行了试掘，在 T2H1 发现鬶、豆、杯、罐、鱼鳍形鼎足等器物。牟先生在试掘简报中提出："山崖尾灰坑所见的红

江山山崖尾灰坑
T2H1 出土陶器

H1：2　　　H1：3　　　H1：4　　　H1：1

陶盉和吴兴钱山漾下层的鬶有些相似，鱼鳍形鼎足虽是良渚文化的特征之一，但是豆、杯、罐的作风和良渚文化有一定的差别。"[3]对浙西南地区新石器文化内涵面貌特征有了进一步的认识与把握，第一次明确将浙西南出土的器物鬶、豆、杯、罐、鱼鳍形鼎足与良渚文化作对比研究并指出其异同，大大丰富、深化、提升了对夏先生所言"另一种文化"的认识。

[3]
牟永抗：《浙江新石器时代文化的初步认识》，《牟永抗考古学文集》，科学出版社，2009年。

1997年，好川墓地发现发掘，极为丰富的考古资料，极具特色的文化面貌，地域特征鲜明的文化内涵，为"另一种文化"的正式命名提供了条件和契机。《好川墓地》发掘报告系统全面地公布了好川墓地80座墓葬的全部资料，在对全部考古资料进行分析梳理的基础上提出了"好川文化"的命名，并就相关问题进行了必要讨论。

2002、2004年，温州曹湾山好川文化聚落遗址和岭头岗东北坡好川文化平

好川文化及同时期遗址分布图

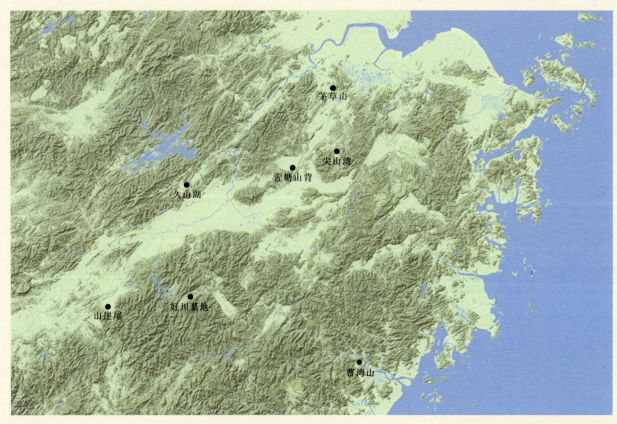

民墓区先后发掘，大大丰富了好川文化的内涵。

一　好川墓地

（一）概况

好川墓地位于浙江省遂昌县三仁畲族自治乡好川村岭头岗，地理坐标为北纬 28°33′27″，东经 119°10′42″。属山间低谷丘陵地貌，位于松阴溪上游，属瓯江水系。

岭头岗相对高度 31 米，顶部起伏平缓，地面开阔，面积约 5000 平方米。1997 年春，好川村改茶园为水田作业时发现墓葬，随即进行抢救性考古发掘，共清理墓葬 80 座。

墓地坐落于岭头岗岗顶，发现时已遭施工破坏。残存的 80 座墓葬位于岗顶中部长约 60 米、宽约 30 米范围内，顺着山脊的西北—东南走向分布。顶部稍低的阶地没有墓葬发现。墓葬排列多数整齐有序，并以大墓中心布局。规格最高的 M60 独处一隅，四周空旷。据推算，位于岗顶的墓葬数量当在 100 座左右。

墓向以 120° 左右的东南向为主，墓坑与岗顶岩脉走向大致垂直，现存的 80 座墓葬的坑口在推土施工过程中均遭受不同程度的破坏，墓坑均挖凿于砂红壤和风化的表层基岩，以长方形竖穴岩坑为墓坑的基本形制。多数墓坑长宽比例接近，有的呈方形。

（二）文化内涵与特征

80 座墓葬按墓坑规模分五个等级。

甲等：有 M60、M4、M8、M12 等 4 座，墓坑长 4、宽 3 米左右，面积 12 平方米上下。墓葬位置均在墓地的中轴线附近。

乙等：有 M10、M53、M2、M71 等 8 座，墓坑长 3.2、宽 2.5 米左右，面积 8 平方米左右。墓葬位置相对居中。

丙等：有 M3、M7、M5、M11 等 16 座，墓坑面积 6 平方米上下。墓葬分布分散。

丁等：有 M54、M61、M34、M41 等 41 座。墓葬数量最多，构成墓地的主体，墓坑面积 4 平方米左右，稍大者面积达 5 平方米。分散布列。

戊等：有 M68、M45、M43、M23 等 8 座。墓坑面积 2 平方米左右。除 M23、M24 两座形制比较特殊的墓葬位居中心外，其余 6 座墓葬均分布在墓地的边缘。

墓葬等级透露出的信息耐人寻味：

1. 墓葬数量　甲等大型墓葬数量和戊等小型墓葬数量均较少，而中型墓葬数量 65 座，占统计总数 77 座的 84% 强。数量形态呈两头小中间大的橄榄形。仔细分析中型墓葬数量形态，中型偏下（丁等）墓葬数量大大多于中型偏上（乙等），而居中的丙等墓葬数量 16 座，占统计总数的 20% 强。

2. 墓坑规模　不同等级墓坑规模差距悬殊。甲等墓葬墓坑面积 12 平方米，是戊等墓葬墓坑面积的 6 倍。不同等级间面积的递减也挺有意味，乙等墓葬面积 8 平方米，比甲等墓葬小 4 平方米，是甲等墓葬面积的 2/3，乙等到戊等依次递减 2 平方米。中型丙等墓葬面积是甲等的一半，是戊等的 3 倍。

63 墓葬均在墓坑中央发现长方形木质葬具痕。葬具与墓坑的平面关系早晚期呈现两种相反的情况：墓坑宽大而葬具范围很小、葬具外空间较大的，多为早期墓葬，以 M8 最为典型；墓坑较大且葬具范围也大、葬具外空间狭小的，年代较前种情况要晚，以 M60 为代表。从一部分墓葬葬具角落的器物保存较完整、葬具中间的器物破碎严重，较高大的器物压扁破碎严重而较小的陶杯等出土时器形多完好的现象推断，葬具应有盖板且下葬后葬具内空间保持相当一段时间。从 M60、M4 等墓葬的墓坑底部四角或中间有垫石等发现看，部分墓葬的底部原有安置棺椁的枕木。

酸性红壤的埋藏环境，难以保存木质葬具和骨骸等有机质，因而仅 M36、M74 两座墓葬发现有骨骸，保存情况也十分不理想。从残存骨骸散乱、错位和缺失等情况，推测为二次葬。

80 座墓葬共出土陶器、玉器、石器、漆器四类随葬品 1028 件（组），包括陶器 762 件、石器 142 件、玉器 98 件、漆器 26 件。陶器、玉器是基本的随葬品组合，二者组合随葬的墓共 56 座。

随葬品组合早中晚变化明显。早期,玉器少见,仅见锥形器,无玉钺发现;篮、圈足盘、钵、壶、杯、釜(鼎)是常见陶器,形体矮小;漆器上饰片均石质。中晚期,玉钺(石钺)与陶鼎(三足盘)、鬶、盉、三喙罐、杯、豆成为主要随葬品,豆品种多,形态丰富多样,极具特色;漆器上饰片多软玉质;曲折纹、条纹、叶脉纹等印纹陶器也是中晚期墓葬常见的随葬品。

陶器是最主要的随葬品,80座墓葬中有79座墓随葬陶器,共762件。鼎、鬶、三足盘、罐、豆、杯、钵、盉为基本器形,釜、篮、尊、圈足盘、壶等陶器数量较少,数量很少甚至仅1件的器形有双鼻壶、宽把杯、熏、单把大盘、大口尊、双唇罐等。

陶豆434件,占陶器总数的57%,是好川墓地出现频率最高、数量最多、形式变化最丰富复杂的陶器。垂棱、镂孔既是陶豆的造型特点,也是陶豆的最主要的装饰风格和手法,这构成好川墓地最突出的文化特征。刻划、施彩也是常见的两种装饰手法。

大中型墓葬陶器多制作考究,部分陶豆豆盘很浅,垂棱很长,盘沿内侧也有朱红彩,可能已非普通的日用陶器,很可能是用于祭祀的"陶礼器"。长长的垂棱除有装饰作用外,还可掩饰极浅的豆盘,应具有特定的使用功能。

陶鬶46件,每墓仅1件,且小型墓葬基本不见。形制变化轨迹清晰,脉络明确。

印纹陶罐,19件。均为夹砂陶,陶质陶色大体可分青灰色硬陶和黄褐色软陶两类。拍印纹样有条纹、曲折纹、叶脉纹等。条纹、曲折纹、叶脉纹应该是后期广泛流行于中国南方地区的几何印纹陶的滥觞。

三喙罐,12件。泥质灰陶、黑皮陶均有发现。器物形制与泥质陶圈足罐相近,唯肩部均有三个鸟喙状装饰。

80座墓葬中有38座随葬石器,共142件。种类不多,仅有镞、锛、钺、刀、琮五类。其中又以镞为大宗,达95件,占石器总数的2/3强。另有锛34件、石钺11件、三孔石刀1件。石料以青灰色泥岩为主,少量绛色泥岩。石器绝大多数磨制,石钺磨制较精,部分经抛光处理,钻孔以管钻法为主,也有相当数量的桯钻。

特别值得重视的是，在扰土中发现一件刻纹石钺，应是被破坏墓葬的随葬品。青灰色泥岩石质，窄长形微束腰，弧刃有崩缺，双面管钻孔。长14.1、刃宽7.8厘米。石钺两面均有阴线细刻纹，正面之画面主体为"天狗"图案，天狗伸颈昂首张嘴站立，前脚并拢，后脚残缺。

80座墓葬中有56座随葬玉器，共98件，加上原镶嵌在觚、柄形器等器物上的玉（石）片（组）21件，共计109件。器类有锥形器、钺、锛、管、珠、刀、玦、琀、钩形器等。锥形器的数量最多。玉钺、玉锥形器组合随葬的只有7座墓葬。玉器质料以透闪石玉为主，还有少量的玛瑙、水晶、石英、滑石、绿松石等材料。玉色鸡骨白居多，部分灰白杂青斑、青黄斑。玉器除钺外，体量均很小。玉工精湛，开材切割工艺独到，钻孔技术娴熟，抛光良好，玉材利用率极高，不同造型的曲面玉片是好川墓地精湛玉工技艺的集中体现。

钺，8件。除M29：32玉料为玛瑙质外，均属透闪石玉。玉钺造型有"风"字形、长方形、方形等多种形状。

锥形器，57件。大多出于墓主头部上方。57件锥形器尾榫部均无小孔。形制主要为截面方形和圆形两种，少量多边形和不规则形。

值得注意的还有以下5件玉器：

M30：3，玉方管。玉色鸡骨白，方体四面有减地浅浮雕弧线似日、月形图案，构图以角线为对称轴。

M51：1，玉刀。玉色鸡骨白。长条形，平刃，器表残留片锯切割痕。长11.4厘米。

M2：1，玉钩形器。玉色鸡骨白。形制特殊，器首有一上翘的尖弯钩，无明显的刃部。长5厘米。

M51：10，玉琮形管。鸡骨白软玉。形制不甚规整，方体圆孔，四角各镌刻两道凹槽，基本具玉琮的外形。对钻孔，外口不甚圆正。长2.6厘米。

M58：12，玉锛。软玉，鸡骨白色。形体较小。抛光良好。表面有片锯切割痕。长3厘米。

好川墓地有23座墓葬随葬一种非常特殊的器物，共发现26件，出土时常见红色漆痕，器表大部分镶嵌或黏附有各种不同形态的几何形石片、几何形曲面玉片。从较完整清晰的几件漆痕看，器形主要有亚腰形和圆柄形两种，比照余杭卞家山遗址出土的髹朱漆觚，亚腰形漆器应该是漆觚的残痕。桐庐小青龙遗址也有类似的漆觚（痕）出土，未见镶嵌的石片。

M39：2，漆觚痕，长26、宽6~10厘米。10片叶蜡石饰片分两圈黏附于漆痕上。

M19：4，漆觚痕，12片石饰片分三圈黏附于漆器表面。

M8：2，漆觚红色漆痕范围清晰明确，平面呈亚腰形，红色漆痕范围内不同形状的叶蜡石饰片原呈箍状分布，共三圈，每圈6片。

除漆觚外，好川墓地发现镶嵌玉饰片的器物还有14件。出土位置大多数在墓主的头部右上方，与玉锥形器出土位置相近。数量不等的玉饰片集中出土，并具有一定的立体组合形态，主要呈圆棍状。出土时玉饰片正面朝上、背面朝上、侧立等情形都有发现。漆痕保存较好，范围清晰明确，玉饰片分布有序，与原漆器的实际形状相距不远。漆器的玉饰片数量从2片至30片不等。玉饰片形态丰富，大小规格多种多样，均黏附或镶嵌于圆形有机质主体上，玉片绝大多数为曲面造型，圆形、椭圆形、方形、菱形、圆角长方形等几何形曲面玉片常见，玉片之间凹凸拼接。特殊形态的玉片有祭坛形、简体抽象鸟形，圆箍形等，用绿松石小珠作装饰的仅发现1件。玉饰片质地绝大多数为闪石玉。圆形玉饰片直径0.8~4.5厘米，三角形小玉片长仅0.8厘米。

M1：1，出土时见少量红色漆痕，11片不同几何形状的曲面玉片呈棍状分布，原应是镶嵌或黏附于圆形有机质物体上，长12、直径3厘米。两端用玉片凹凸拼接构成玉箍，中间的3片玉片螺旋状包裹棍体表面，极具匠心。

M60：2，红色漆痕保存不好。22片不同形状平面、曲面玉片集中出土于15厘米×10厘米范围内，底端是9片三角形玉片。其中三台阶状玉片2片，冠状饰形玉片1片，梯形1片，侧体鸟形1片。

M62：4，红色漆痕范围比较清晰明确。12片曲面玉片和1件玉箍呈棍状分布，长15厘米以上。其中4片祭坛形褐黄色滑石片合围成箍，玉箍直径3.1厘米。最大的祭坛形玉片高达8.4厘米，曲面玉片最薄处仅0.1厘米。玉饰片玉工精湛，线切开材工艺水平极高，集中体现了好川先民高超的玉作工艺技术水平。部分曲面玉片背面残留密集的弧形线切割痕，保留粗糙的面，便于粘贴或镶嵌；正面均经抛光处理，光洁如鉴。

（三）墓葬的分期与年代

好川墓地共发现 26 座墓葬、2 个灰坑等 28 个遗迹单位具有明确的叠压打破关系，有的还是多座墓葬连续打破。依据可靠的层位关系并通过对墓葬随葬品的类型学排比研究，建立随葬品组合变化的时序关系及器物形态发展演变的逻辑序列即器形变化的逻辑式别，将好川墓地 80 座墓葬分为五期七段，这是连续发展的同一文化。

好川墓地为酸性土壤环境，有机质遗存很难保存，没有发现可供碳十四测年的可靠标本。这对好川文化年代判断无疑是个缺憾。

M8 在好川墓地第一期墓葬中具有典型性。M8 与良渚文化具有较多的可比性，鼎、簋、豆、壶、圈足盘随葬陶器组合与良渚文化晚期墓葬随葬陶器组合相同；鼎、簋、圈足盘等陶器的形态特征与桐乡叭喇浜遗址出土的良渚文化晚期同类陶器十分近似；M8：12 双鼻壶与雀幕桥 M4：5 双鼻壶造型基本相同，好川墓地 I 式陶鬶造型风格与雀幕桥遗址发现的陶鬶接近。推定好川墓地年代的上限约当良渚文化晚期后段。

M13 打破 H3。H3 出土遗物有夹砂红陶、泥质灰陶和着黑陶三类，着黑陶与第五期墓葬中常见的 H Ⅳ 式豆共存，着黑陶多见于拍印条纹较浅的陶片上，之字形曲折纹上着黑的不多。着黑陶呈色个体差异明显，部分黑色较浅泛褐红，水洗易剥脱褪色，特征与江山肩头弄一期着黑陶相似。H3 的年代大体与江山肩头弄一期遗存相近或略晚。M13 随葬陶器形制及窄刃石钺、双翼石镞等都表明该墓是好川墓地年代最晚的一座墓葬。好川墓地第五期墓葬 M28 两件曲折纹圈底罐中腹以下曲折纹拍印后重新刮去的做法与肩头弄一期陶器条纹拍印后又抹去的技法是一致的。这为我们确定好川墓地的年代下限提供了可靠的地层学依据。推测好川墓地的年代下限可能晚于肩头弄一期，大体与肩头弄二期相当。

好川墓地的相对年代大体在良渚文化晚期至夏末商初，绝对年代为距今约 4300~3700 年，前后延续 600 年左右。

（四）好川文化的命名

好川墓地文化面貌新颖、独特，文化内涵丰富多彩，文化因素多元特点明显。具有自身特征的陶器群自然成为我们识别考古学文化的最重要的依据。

根据陶器形制、数量、延续时间及是否形成发展序列等情况，可将好川墓地的陶器分成三组。

A 组：鱼鳍形足鼎、双鼻壶、宽把杯、三鼻簋、尊等。

B 组：釜、三足盘、鬶、盉、三喙罐、豆、杯等。

C 组：条纹圆底罐（釜）、圈足罐，曲折纹圈足罐、圆底罐等。

A 组陶器多发现于墓地一、二期墓葬，属良渚文化器物或直接受良渚文化影

好川墓地的三组器物

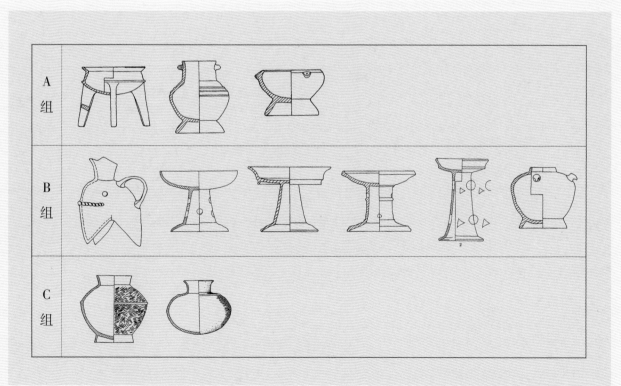

响出现的器物。C组中条纹、曲折纹印纹陶器多见于三、四、五期墓葬，应是受昙石山文化传播影响的结果。B组陶器数量多，发展序列明确，演变轨迹清晰，阶段性特征明确，是好川墓地具有鲜明自身特征的典型陶器，是好川墓地文化的主体。报告将好川墓地类型文化遗存命名为好川文化，并把浙西南仙霞岭山地界定为好川文化的分布范围。

《好川墓地》报告就好川文化与良渚文化、花厅墓地类型遗存、昙石山文化、石峡文化、樊城堆文化、山背文化和广丰社山头遗址等的关系进行了广泛讨论，并与本地区后续的江山肩头弄类型马桥文化的作对比研究。肩头弄类型马桥文化遗存与好川文化分布的空间范围可能重叠，年代上可能略有交错，但两者文化面貌、内涵特征上的显著差异充分表明，好川文化与肩头弄类型马桥文化有着不同的文化传统，二者也不是同一文化系统的不同文化发展阶段。

二 好川墓地平民墓区

好川墓地发掘，没有发现对应的居住遗址。2004年，我们对遂昌境内好川文化遗址进行专题调查，跑遍数十平方千米范围内的平缓山岗，无一发现，没有取得预期的学术成果。受2002年曹湾山遗址山岗顶部、山坡均发现文化堆积的启发，对岭头岗相连的岗地、坡地重新调查、勘探，结果在岭头岗的东北坡发现好川墓地的平民墓区。

平民墓区与1997年发掘的位于岭头岗顶部的墓葬高程上有5米左右的落差，平面上也有20~30米宽的空间间隔。在岭头岗的东北坡300平方米的发掘面积内，清理好川文化小型墓葬20座。墓向东南。墓坑小，随葬品少。20座墓葬共出土随葬品60件，墓均3件，大部分墓葬仅一两件陶器，其中3座墓葬无一随葬品发现。随葬陶器主要有豆、壶、杯、钵、罐等，器形很小，制作粗糙。

这20座墓葬与1997年发掘的80座墓葬形制相同，墓向一致，随葬器物种类、形制雷同，年代大体一致，约当好川墓地的中晚期，是好川墓地的有机组成部分。显然，1997年发掘的墓葬墓主人地位要显贵得多，位置居高、居中分布，墓坑宽大方正，随葬品玉器、石器、漆器、陶器组合齐全，数量丰富，玉器、陶器制作精美。20座小墓埋于岭头岗东北坡的阶地上，墓坑小，随葬品少，制作十分粗糙，有些还是残器，20座墓葬无一有玉器发现。

三 温州曹湾山遗址

曹湾山遗址位于温州市鹿城区上戍乡渡头村，地处瓯江下游，为孤丘型聚落遗址，岗顶海拔61米，戍浦江蜿蜒弯曲环曹湾山向东约500米汇入瓯江，周围高山连绵。遗址依山傍水，以山顶岗地为聚落中心，山腰、山坡均有遗存分布，面积近万平方米。2002年11月~2003年4月发掘，发掘面积635平方米，发现好川文化聚落，揭示连片成排石础建筑遗迹，清理墓葬35座，获得玉器、石器、陶器等各类文物1000多件。

曹湾山遗址堆积丰厚，野外分3层，②③层为新石器时代末期堆积，内涵丰富，出土遗物以陶器、石器为主。③层陶系有夹砂陶、泥质灰陶、硬陶、印纹硬陶等，夹砂陶、泥质陶的数量大致和硬陶、印纹硬陶相当。夹砂陶釜、鼎常见，多有绳纹装饰；硬陶的器形以瓮为主；印纹硬陶基本为拍印条纹的着黑陶，普遍呈赭红色，多有褪色和剥脱，器形以罐居多；泥质陶器形有盆、罐、豆等。②层与③层的最大区别是夹砂陶和泥质陶的数量明显减少，条纹着黑陶占绝大多数，且有少量云雷纹。石器中绝大部分是镞和锛，镞、锛形态丰富多样。条纹着黑陶、小型石锛、扁铤石镞构成曹湾山遗址最具特色的文化面貌。

平缓的岗顶是该聚落的中心，西南为居住区，东南为墓葬区。西南部建筑遗迹成排的石础叠压在②层下，石础呈东南西北向排列，石础挖坑营建，底部有础基石，周边有夹石。

清理好川文化墓葬35座，均开口②层下，部分墓葬被建筑遗迹叠压打破。墓葬间叠压打破关系情况显示，墓葬布局似遵循自早至晚由内向外埋葬的规则。从墓葬分布的趋势和密度推测，该墓地的墓葬数量当在50座以上。墓葬均为长方形竖穴土坑墓，墓坑长2.5、宽0.6米左右。墓坑底部普遍存在一层青灰色淤泥等迹象显示当时应有木质葬具。墓葬东西向，随葬品位置推测头西脚东。35座墓葬共出土随葬品103件，其中陶器74件、石器20件、玉器

9件（组）。随葬品的基本组合为陶釜、鼎、甗、壶、豆、罐、圈足盘和石锛、玉锥形器，部分墓葬还有陶盉、陶纺轮等。M23还出土1件象征权力地位的镶嵌玉片的柄形器。

与地处瓯江源头的好川墓地相比，尽管墓葬形制、随葬品组合有存在一定的区别，但文化面貌、内涵特征基本相同，如鼎、豆、盉、壶、罐等陶器的形制、纹饰两者基本一致，玉锥形器尤其是镶嵌玉片的柄形器的质地、制作工艺及形制完全一致。

好川墓地位于瓯江的源头仙霞岭北麓的松阴溪流域，曹湾山遗址则在瓯江下游戍浦江和瓯江的交汇处。墓地规模、墓坑大小、随葬品数量、组合等均表明好川墓地的等级高于曹湾山遗址，这显然是两个不同等级的聚落。曹湾山聚落居住区和墓葬区的揭示，为好川文化的聚落布局、社会结构等问题的深入研究提供了极好的个案资料。曹湾山遗址的发掘，使我们对好川文化面貌、内涵特征、分布范围及年代等有了更为清晰的认知，好川文化是一支以瓯江流域为主要分布区的新石器时代晚期文化。

四 关于好川墓地性质和年代的不同认识

（一）关于好川墓地的文化性质

好川墓地、曹湾山遗址的发掘，好川文化丰富的文化内涵，多元的文化因素，使其成为研究浙、闽、赣三省交会武夷山地区新石器时代考古学文化的切入点与钥匙。

诚如赵辉先生指出："太湖流域、赣江流域和闽江流域尽管相距不远，但在很长时间以来，由于缺少可以直接进行比较的材料，学术界对各地的考古学文化的研究基本上是各自为政，若谈联系，主要是靠碳十四年代。然而，这些年代数据的可靠性总是不能令人完全放心的。好川文化的发现弥补了这个缺憾。由于好川文化兼有三者的特征，可以作为中介，将这几个地方的考古学文化有机地串联起来。这样，既可以为一个地方文化的研究提供一个更大的和联系着的背景环境，又可以把整个东南地区的古代文化综合考虑,探讨一些更宏观的问题。因此,好川文化的发现,绝非仅仅是填补了一个地区的空白,而是牵一发,动了全身。进而,随着近些年长江下游及江淮之间考古学文化研究的深入,良渚文化与海岱文化区的相对年代、文化关系等问题日益清晰起来,则又可以把整个东南地区的文化同黄河流域联系起来,做更大范围的考察。"

赵辉先生认为:"《好川墓地》在对遗物进行细密和富有逻辑性的类型学分析之后,将整个墓地划分为七个年代组,再根据各组之间的疏密不同,将第三、四组和第五、六组适当归纳,成为五期。考古资料的年代是探讨一切问题的起点。在这个基础上,作者通过将好川墓地遗存同周围文化进行广泛对比,恰当地总结概括出好川墓地遗存的文化面貌特征,并提出好川文化的命名。由于研究方法得当,证据充分,这一文化命名的提出是很有说服力的。"[4]

也有学者则认为"好川文化"只是良渚文化的一个地方变体,是良渚文化向外传播的产物。

王明达在《良渚文化的去向——当前良渚文化研究的一点思考》中将好川墓地看作研究良渚文化去向的重要遗址,认为良渚文化晚期阶段,良渚文化的族群因外族入侵、洪水泛滥等原因向外迁徙,并提出"钱塘江上游的淳安、建德等地发现的良渚文化玉琮、有段石锛和典型的良渚文化陶器等,就是良渚文化族群向浙西南迁徙的踪迹,也许是良渚与好川之间的中途'停靠站'之一。"并且认为良渚先民达到好川后,仅固守了一段时间原有的文化面貌,从好川墓地第二期起福建昙石山文化的拍印条格纹、曲折纹、条纹、叶脉纹的印纹陶开始大量出现,成为好川墓地的重要组成部分,因此不宜再将好川墓地简单地归入到良渚文化中,从而提出了"好川类型"概念。[5]

宋建在《环太湖地区新石器时代末期考古学研究的新进展》中总结了好川墓地的典型器物群由中粗颈鬶和细颈鬶、垂棱和镂孔豆、管流盉等组成,这些器物曾在环太湖地区的多个地点发现,提出了"好川墓地前后五期是一个连续发展的过程,具有同一文化属性,为良渚文化的地方性变体"的观点。[6]

许永杰《距今五千年前后文化迁徙现象初探》一文指出好川墓地为探索良渚文化南下增添了新的资料,认为鬶、三喙罐是随良渚文化一同南下的大汶口文化

[4]
赵辉:《读<好川墓地>》,《考古》2002 年第 11 期。

[5]
王明达:《良渚文化的去向——当前良渚文化研究的一点思考》,《长江下游地区文明化进程学术研讨会论文集》,上海书画出版社,2004年。

[6]
宋建:《环太湖地区新石器时代末期考古学研究的新进展》,《中国文物报》2006 年 7 月 21日。

器型 / 期别	鼎(三足盘)	A型鬶	簋	A型泥质陶罐	A型杯	圈足盘	A型
第一期	1		14		21, 22	27	31
第二期	2, 3	7	15, 16		23	28	32
第三期 前段 / 后段	4	8, 9		17, 18	24	29	33
第四期 前段 / 后段	5, 6	10, 11, 12		19	25, 26	30	34, 35
第五期		13		20			

好川墓地典型陶器分期图

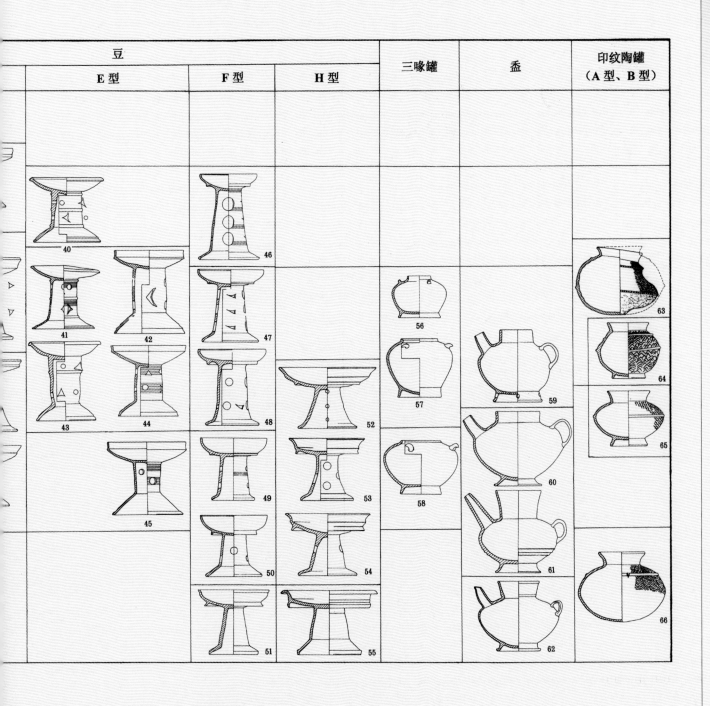

豆			三啄罐	盉	印纹陶罐（A 型、B 型）
E 型	F 型	H 型			

的器物。陶鬶出现在良渚文化的分布范围有一个特点，就是良渚文化的核心区不见或少见，高规格的墓葬中不见或少见，而只见或多见于外围地区和规格不高的墓葬，这表明南下的大汶口文化到达长江下游地区后，并未融入良渚文化的主流社群。许永杰认为南下的良渚文化在抵达仙霞岭后分为两支，一支继续沿江向西南，进入湘江流域；一支则向南，进入武夷山区的山涧谷地。[7]

（二）关于好川文化的年代

好川文化的分期与年代问题自好川墓地发现以来就一直是学界所关注的热点。好川文化已发掘的好川墓地、曹湾山遗址均未能获取可供碳十四测年的标本，因而没有一个经科学测定的年代数据为依靠。这一先天不足给好川文化年代讨论带来不少困惑。

对好川墓地绝对年代讨论的依据和理由已在报告中做了比较充分的说明和交代。好川墓地第一期墓葬中 M8 出土器物与桐乡叭喇浜、嘉兴雀幕桥等遗址出土器物相似，判定好川墓地的上限为良渚文化晚期后段；第五期墓葬 M28 曲折纹圜底罐与江山肩头弄一期陶器装饰手法相似，M13 又打破江山肩头弄一期遗存 H3，因此好川墓地的下限应不早于江山肩头弄一期，即夏末商初。报告以雀幕桥遗址出土木板的碳十四测年数据作为好川墓地上限绝对年代的参考值，并考虑文化因素、传播扩散的时间因素，认为好川墓地的绝对年代为距今约 4300~3700 年，前后长达 600 年左右。

曹湾山遗址好川文化墓葬，开口层位清楚。墓葬开口在②层下打破③层。墓葬又被同样开口在②层下的建筑基址石础遗迹叠压打破。已发掘好川文化墓葬 35 座，为保护这一有明确文化层的史前文化聚落遗址，只作局部发掘，因此墓葬的实际数量和布局情况还不很清楚。从已发掘的墓葬的数量和多组墓葬打破关系情况分析，墓葬布局似遵循从早到晚由内而外的顺序，即早的在岗顶中心，逐渐往外向东南呈扇形布列。从墓葬出土的随葬品组合及陶器形制看，曹湾山好川文化墓葬的年代约当好川墓地的中晚期。

曹湾山遗址③层，出土遗物以石器、陶器为主。陶系有夹砂陶、泥质灰陶、硬陶、印纹硬陶等，夹砂陶、泥质陶的数量大致和硬陶、印纹硬陶相等。夹砂陶

[7]
许永杰：《距今五千年前后文化迁徙现象初探》，《考古学报》2010 年第 2 期。

釜、鼎常见，多有绳纹装饰；硬陶的器形以瓮为主；印纹硬陶基本为拍印条纹的着黑陶，普遍呈赭红色，多有褪色和剥脱，器形以罐居多；泥质陶器形有盆、罐、豆等。②层与③层的最大区别是夹砂陶和泥质陶的数量明显减少，条纹着黑陶占绝大多数，着黑陶黑色比较纯正，少见褪色和剥脱者，并出现少量原始瓷，拍印纹样也发现少量云雷纹。

曹湾山好川文化墓葬早于②层，晚于③层。这一大的层位关系对我们确定好川文化上下限的年代无疑有很大的帮助。在曹湾山遗址③层，条纹着黑陶数量很多，但初步观察的情况看，没有发现好川墓地 M2 填土中出土的那种胎质细腻器表没有着黑的拍印细条纹的青灰色硬陶片。飞云江上游的泰顺狮子岗遗址发现的圜底内凹条纹罐，胎质细腻，浅灰色，表面也没有着黑色。这一现象透露出没有着黑的青灰色细条纹硬陶的出现可能比着黑陶要早，拍印规则清晰的细条纹早于拍印较浅宽条纹。拍印浅宽条纹与上着黑剂好像有某种内在的联系。曹湾山③层不见原始瓷和云雷纹，而②层有所发现，表明原始瓷和云雷纹这两种文化因素的出现晚于曹湾山好川文化墓葬。从而可以将曹湾山好川文化墓葬的下限确定在原始瓷和云雷纹出现之前。

赵辉赞成报告中有关好川文化同良渚文化相对年代关系的判断，即好川墓地的上限约当良渚文化的晚期后段，它的大部分时段，晚出了已知的良渚文化。但不同意报告对好川文化绝对年代的推定。报告将好川墓地遗存的上限推定在距今4300年，根据的是嘉兴雀幕桥良渚文化晚期遗址的碳十四测年数据。而根据新沂花厅遗址的发掘情况看，良渚文化的下限最晚不过大汶口文化晚期，马桥文化则相当于岳石文化，这中间隔着整个龙山时代约500年的时间，从良渚文化和山东地区史前文化的相对关系上看，前者的年代要早得多。相对年代和绝对年代之间就发生了矛盾，因此好川墓地的下限是否能如报告所推断的晚到了夏末商初，也就有了继续探讨的余地。[8]

孙国平认为好川墓地第二期 M32 的鬶与雀幕桥遗址出土鬶相似，根据雀幕桥的碳十四年代数据（2380 BC ± 145 年）加上第一期遗存应该具有的年代跨度，认为好川墓地的年代上限在距今4500年。第五期 M58 的长颈鬶与上海金山亭林墓地出土鬶比较，认为好川墓地主体结束的时间与良渚文化在太湖地区的下限不

[8]
赵辉:《读＜好川墓地＞》,《考古》2002 年第 11 期。

会相距很远，距今4000年左右。以好川墓地为代表的好川文化遗存应是属于武夷山—仙霞岭周围地区与山东龙山文化平行存在的一支史前文化。[9]

翟杨也将好川墓地分为五期七段，并将其合并为三大阶段，第一阶段以钵、簋、豆为基本组合，豆多为短柄，第二阶段以鬶、豆为基本组合，鬶为短颈，腹腔较大，豆多为长柄，三喙罐、盉开始出现，第三阶段以鬶、豆为主，鬶为长颈，腹腔较小或已消失，豆多为短柄，三喙罐、盉数量增加。并对各遗址的鬶进行了分期，认为好川墓地第一期相当于良渚文化晚期第一段、大汶口文化中期后段，第五期相当于良渚文化晚期第五段、山东龙山文化第一期前段。[10]认为墓地使用时间跨度为分期的第一段至第四段，墓地共埋葬了五代人。根据当时30~40岁的社会平均人口寿命和15~25岁的平均生育年龄推算好川墓地五代人的延续时间在90~140年之间。[11]

丁品将好川墓地分为两期，早期为报告所分第一期至第三期前段，其相对年代为良渚文化晚期至末期；晚期为报告所分第三期后段至第五期，该阶段墓葬已不见良渚文化因素，垂棱豆开始下垂明显变长、袋足鬶颈部开始变细变长、袋足逐渐变瘦，夹砂或泥质青灰印纹陶罐数量开始增多，好川文化的因素得到强化，其相对年代相当于钱山漾文化，绝对年代为距今4400~4200年。[12]

陈明辉、刘斌认为从鬶等器形来看，好川文化较早阶段遗存的年代上限要早于良渚文化晚期后段，相当于良渚文化晚期前段。良渚文化晚期后段中也出土方形玉锥形器、细颈捏口鬶，说明好川文化较晚阶段的遗存与良渚文化晚期后段年代相当。但二者交流并不密切，应是来源各异、并行发展的两类遗存。[13]陈明辉、刘斌所界定的良渚文化晚期后段是指以良渚古城茅草山、文家山、葡萄畈等遗址为代表，以侧扁足鼎、圈足盘、豆、杯、缸等为基本组合，其相对年代与钱山漾文化相当，早于广富林文化，绝对年代为距今4300~4100年。

二十年来，好川文化的命名、分期和年代等问题的讨论，取得了一定的成果，好川文化独立命名是考古学者的基本共识；好川文化年代上限分歧不大，距今4300年这一绝对年代也为大家所认可；对好川文化下限和积年的讨论最为热烈，研究视角、研究方法等的不同，得出的认识、观点、结论就会百家争鸣，尽管目前还没有一种认识为大家所接受，但对《好川墓地》前后延续600年的判断

[9]
孙国平：《好川·良渚·花厅》，《浙江省文物考古研究所学刊（第八辑）》，科学出版社，2006年。

[10]
翟杨：《良渚文化晚期遗存的重新认识》，《东方考古》（第3辑），科学出版社，2006年。

[11]
翟杨：《好川墓地社会结构分析》，《上海博物馆集刊》，2008年。

[12]
丁品：《距今4400~4000年环太湖地区和周边地区古文化及相关问题》，《禹会村遗址研究——禹会村遗址与淮河流域文明研讨会论文集》，科学出版社，2014年。

[13]
陈明辉、刘斌：《关于"良渚文化晚期后段"的考古学思考》，《禹会村遗址研究——禹会村遗址与淮河流域文明研讨会论文集》，科学出版社，2014年。

普遍持否定的态度，但都没有令人信服的考古学材料和证据。看来，取得一致意见尚需时日。对与周边地区同时期新石器时代文化的讨论不多，没有引起考古界的足够关注，而对于好川文化聚落、谱系、社会状况的等研究才刚刚起步。这也是我们在好川墓地发掘20周年之际举办好川文化学术研讨会的出发点和着力点，期望推动好川文化的研究与宣传。

典型遺址

好 川 墓 地

好川墓地位于浙江省丽水市遂昌县三仁畲族自治乡好川村岭头岗，东北距县城妙高镇约 12 千米。岭头岗地理坐标为北纬 28°33′27″，东经 119°10′42″，是一处相对高度 31 米的谷间低丘，岗顶相对平整，平面大致呈鞋底形，面积约 5000 平方米。

1997 年，好川村在将岭头岗茶园推平改造成水田的过程中发现了文物，后由浙江省文物考古研究所进行发掘，共开 10 米 × 10 米探方 30 个，清理墓葬 80 座、灰坑 3 个。

80 座墓葬均位于岭头岗岗顶，顺着山脊沿西北—东南走向分布于起伏平缓、地面开阔的岗顶中部。整体布局呈长方形，长约 60、宽约 30 米。墓坑均挖凿于砂红壤和风化的表层基岩中，以长方形竖穴土坑墓为基本形制，多数发现有长方形木质葬具痕。

以大中型墓葬为主，墓坑宽大，平面呈方形，墓葬的长、宽系数多小于 1.5。

共出土陶器、玉器、石器、漆器四类随葬品 1028 件（组）。其中陶器 762 件，占随葬品总数的 74%；石器 142 件、玉器 98 件（同一墓中玉珠数量超过 1 件均做 1 件计）、漆器（有机质主体已不存在，仅见朱红色漆痕或镶嵌、黏附在漆器上的成组玉、石饰件）26 件，分别占随葬品总数的 13.8%、9.5% 和 2.5%。

从墓地出土不同质地随葬品的数量、单个墓葬随葬品组合及数量统计看，陶器、玉器是基本的随葬品组合，陶器是最主要的随葬品。有无漆器随葬，与墓葬规模、墓主人的身份等级有着密切的关系。有无随葬石器与墓主人性别有关。

大型墓葬随葬玉器、石器、漆器，陶器组合齐全，数量丰富；玉器、陶器制作精美。中型墓葬亦随葬有组合齐全的陶器、石器和少量玉器。

2004 年，又对岭头岗东北坡进行了发掘，共清理墓葬 20 座，均为长方形竖穴土坑墓，长不足 2 米，宽 1.5 米左右。墓坑较小，随葬品较少，大部分墓葬仅出一两件陶器，器形较小，制作粗糙，未发现玉器。

这 20 座墓葬与 1997 年发掘的 80 座墓葬形制相同，墓向一致，随葬器物器形雷同，时代大体一致，是好川墓地的有机组成部分。相较而言，1997 年发掘的墓葬墓主人地位要显贵得多，位置居高居中，墓坑宽大方正，随葬品玉器、石器、漆器、陶器组合齐全，数量丰富；玉器、陶器制作精美。20 座小墓埋于岭头岗东北坡的阶地上，墓坑小、随葬品少，制作十分粗糙，有些还是残器。20 座墓葬无一有玉器发现。墓区间 20~30 米的间隔是不同社会地位阶层无法逾越的鸿沟；墓区高程 5 米上下的落差，更是墓主人生前社会身份地位等级的天壤之别。

好川墓地文化面貌新颖、独特，文化内涵丰富多彩，文化因素多元特点明显。根据陶器形制、数量、延续时间及是否形成发展序列等情况，可将好川墓地的陶器分为三组：A 组以鱼鳍形足鼎、双鼻壶、宽把杯、尊等为主，属良渚文化器物或直接受良渚文化影响出现的器物；B 组以釜、三足盘、鬶、盉、三喙罐、豆、杯等为主，在好川墓地中数量从少到多，逐渐增多，且发展逻辑顺序清楚、阶段性特征明显，是好川墓地具有鲜明自身特征的典型陶器，是好川墓地文化的主导性文化因素；C 组以印纹陶罐为主，应是受到了昙石山文化的影响。

目前，虽然缺乏与好川墓地相对应的聚落遗址的考古资料，但建德久山湖遗址和江山山崖尾遗址的发现表明，好川墓地类型文化遗存有一定的分布区域，仙霞岭南北两翼（包括建德、江山、遂昌等市县）是目前所知的该文化的分布范围。

以上分析表明好川墓地类型文化遗存已经具备了命名考古学文化的基本条件，因此按照夏鼐先生提倡的考古学文化的命名原则，将好川墓地类型文化命名为"好川文化"。

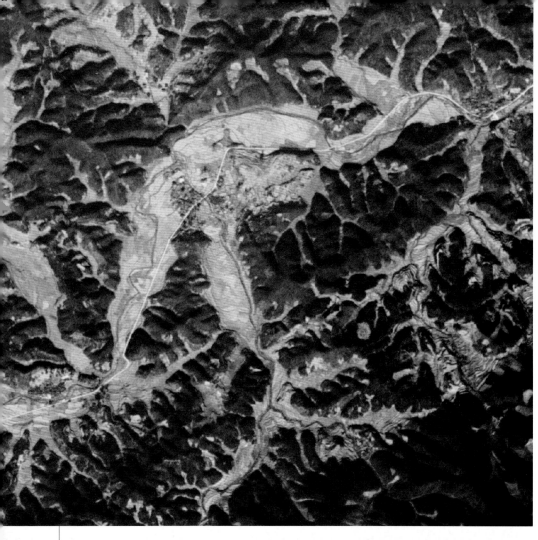

好川墓地 1960 年卫片

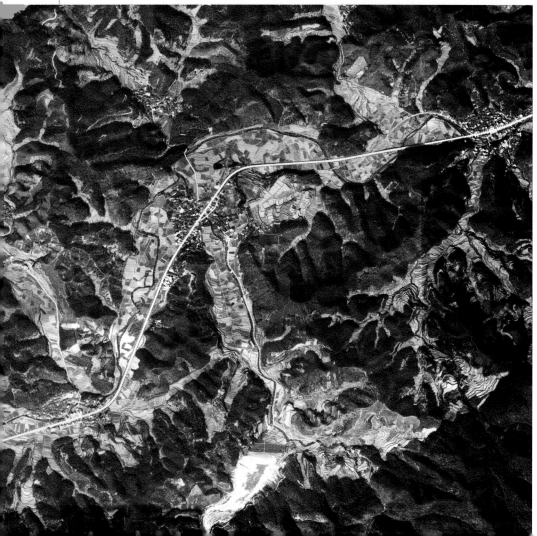

好川墓地 2000 年卫片

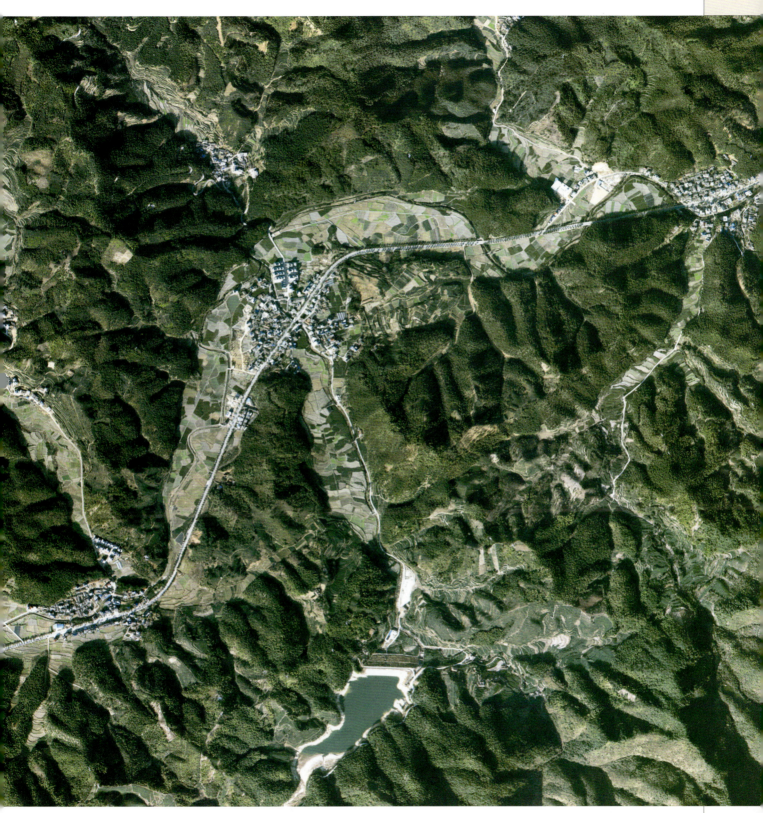

好川墓地 2015 年卫片

好川墓地地形地貌

好川墓地东北坡地形地貌

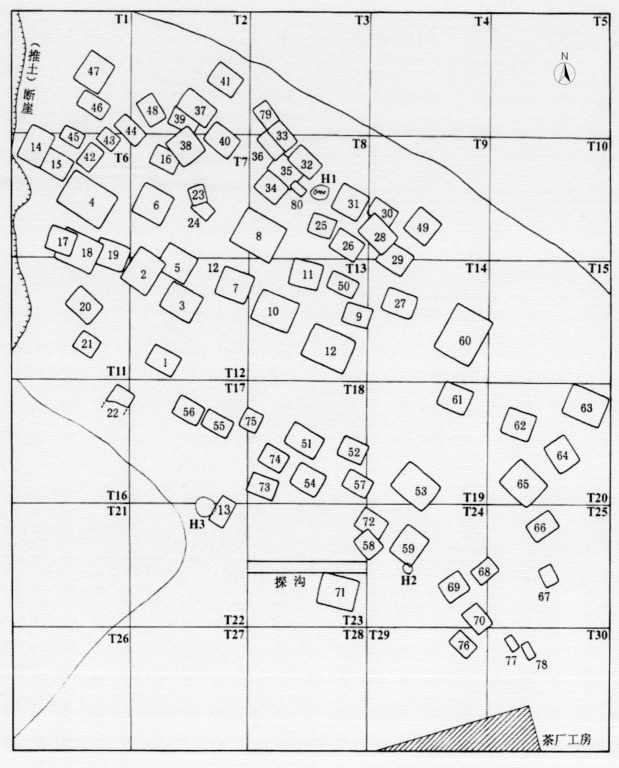

好川墓地墓葬分布图

0   10 米

好川文化集萃

好川墓地全景

好川墓地 M4

西北—东南

长方形竖穴岩土坑，长 4.25、宽 3.1、残深 1.72 米。东北角有两个脚窝。方向 130°。葬具长 3.2、宽 1.92 米。葬具下四角垫有卵石块。未见人骨。随葬品共 36 件，其中 3 件印纹陶罐置于葬具外填土内，发现时距墓底约 1 米。

好川墓地 M8

东南—西北

长方形竖穴岩土坑，长 3.75、宽 3.13、残深 2.7 米。方向 120°。葬具范围明确，相对较小，长 2.03、宽 1.42 米。未见人骨。随葬品 17 件。

好川墓地 M14

东北—西南

长方形竖穴岩土坑，长 2.9、宽 2.24、残深 1.1 米。方向 30°。葬具痕长 2.33、宽 1.73 米。未见人骨。随葬品共 23 件，其中 3 件印纹陶罐出土于脚端的葬具上，距墓底约 0.7 米。

好川墓地 M32

西南—东北

长方形竖穴土坑，长 2.4、宽 1.8、残深 1.8 米。方向 125°。棺长 1.95、宽 1.1 米。未见人骨。随葬品共 12 件，其中 4 件陶器底部距墓底 0.2 米多，推测原应放置在葬具上。

好川墓地 M60

西北—东南

长方形竖穴岩土坑，长 3.3、宽 4.1、残深 0.55 米。方向 115°。葬具痕明确清晰，四角有垫樽石，樽长 2.88、宽 2.8 米。从葬具痕宽大呈方形和随葬品排列特点分析，该墓可能是合葬墓。未见人骨。随葬品共 27 件。

好川墓地东北坡发掘现场全景

好川墓地 2004M5

好川墓地 2004M13

曹湾山遗址

曹湾山遗址（又名老鼠山遗址）位于温州市鹿城区上戍乡渡头村。2002年11月~2003年4月进行发掘，发掘面积635平方米，发现距今4000年前后的好川文化聚落，揭示出连片成排的石础建筑遗迹，清理墓葬35座，出土玉器、石器、陶器等1000多件。

曹湾山海拔61米，戌浦江蜿蜒弯曲环曹湾山向东约500米汇入瓯江，周围高山连绵。遗址依山傍水，以山顶岗地为聚落中心，山腰、山坡均有遗存分布，面积近一万平方米，是新石器时代末期的山前沿江的孤丘型聚落遗址。

曹湾山遗址堆积丰厚，野外分3层，②③层为新石器时代末期堆积，内涵丰富。出土遗物以陶器、石器为主。③层陶系有夹砂陶、泥质灰陶、硬陶、印纹硬陶等；夹砂陶、泥质陶的数量大致和硬陶、印纹硬陶相等。夹砂陶釜、鼎常见，多有绳纹装饰；硬陶的器形以瓿为主；印纹硬陶基本为拍印条纹的着黑陶，普遍呈赭红色，多有褪色和剥脱，器形以罐居多；泥质陶器形有盆、罐、豆等。②层夹砂陶和泥质陶的数量明显减少，条纹着黑陶占绝大多数，且有少量云雷纹。石器中绝大部分是镞和锛，镞、锛形态丰富多样。条纹着黑陶、小型石锛、扁铤石镞构成曹湾山遗址最具特色的文化面貌。

平缓的岗顶是该聚落的中心，西南为居住区，东南为墓葬区。西南部建筑遗迹成排的石础开口于②层下，石础呈东南—西北向排列，石础挖坑营建，底部有础基石，周边有夹石。

清理好川文化墓葬35座，均开口于②层下，部分墓葬被建筑遗迹叠压打破。墓葬间叠压打破关系情况显示，墓葬布局似遵循自早至晚由内向外埋葬的规则。从墓葬分布的趋势和密度推测，该墓地的墓葬数量当在50座以上。

墓葬均为长方形竖穴土坑墓，墓坑长 2.5、宽 0.6 米左右。墓坑底部普遍存在一层青灰色淤泥等迹象显示当时应有木质葬具。墓葬为东西向，根据随葬品位置推测墓主人头西脚东。35 座墓葬共出土随葬品 103 件，其中陶器 74 件，石器 20 件，玉器 9 件（组）。随葬品的基本组合为陶釜、鼎、甑、壶、豆、罐、圈足盘、石锛和玉锥形器，部分墓葬还有陶盉、陶纺轮等。M23 还出土 1 件象征权力、地位的镶嵌玉片的柄形器。

与地处瓯江源头的 1997 年发掘的遂昌好川墓地相比，尽管墓葬形制、随葬品组合存在有一定的区别，但文化面貌、内涵特征基本相同，如鼎、豆、盉、壶、罐等陶器的形制、纹饰两者基本一致，玉锥形器尤其是镶嵌玉片的柄形器的质地、制作工艺及形制完全一致。

好川墓地位于瓯江的源头仙霞岭北麓的松阴溪流域，曹湾山墓地则在瓯江下游戍浦江和瓯江的交汇处。墓地规模、墓坑大小、随葬品数量、组合等均表明好川墓地的等级高于曹湾山墓地，如果好川墓地代表的是社会上层的话，那么曹湾山墓地所反映的则是好川文化社会的基层（下层）。

曹湾山聚落居住区和墓葬区的揭示，为好川文化的聚落布局、好川文化的社会结构等问题的深入研究提供了极好的个案资料。曹湾山遗址的发掘使我们对好川文化有了更为清晰的认知，好川文化是一支以瓯江流域为主要分布区的距今 4000 左右的史前文化。

曹湾山遗址史前堆积时代特征突出，早晚阶段性变化明确，发展脉络清晰，为浙南温州地区先秦文化发展序列和考古编年的建立提供了地层学依据，具有标尺性意义。

曹湾山遗址地形地貌

曹湾山遗址发掘现场

曹湾山遗址发掘现场

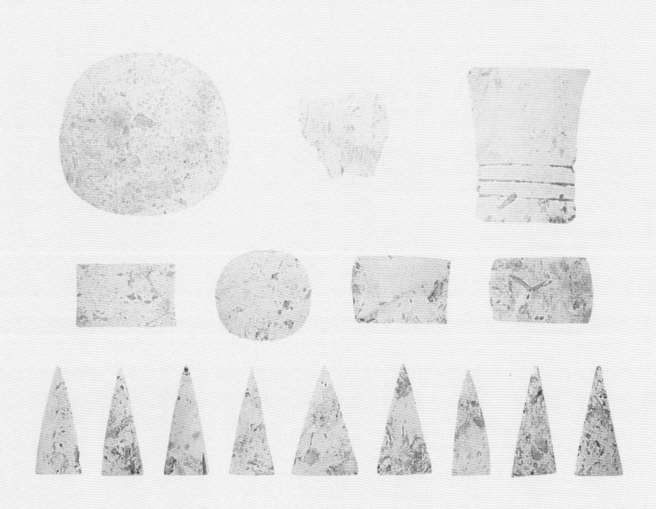

出土器物

陶　器

　　好川文化陶器以泥质陶为主，又可细分为泥质灰陶、泥质灰胎黑皮陶两类。泥质灰陶占绝大多数，泥质灰胎黑皮陶较少。泥质陶器中数量最多的器形是豆，此外还有三足盘、罐、三喙罐、杯、钵、尊、簋、圈足盘、壶、鬶、纺轮等。夹砂陶数量较少，可分为夹砂和夹细砂两种。陶色不匀，以灰、灰褐为主，器形仅见釜、鼎和罐。

　　好川文化陶器以容器为主，且以盛食器为大宗，炊器较少。容器中以鼎、三足盘、鬶、罐、豆、杯、钵、盉为基本器形，釜、簋、尊、圈足盘、壶等陶器数量较少，数量很少甚至仅 1 件的器形有双鼻壶、宽把杯、熏、单把大盘、双唇罐等。

　　陶器器表装饰手法有素面、镂孔、涂施彩绘、附加堆纹、刻划、戳点（孔）、拍印等多种，常常几种手法组合使用，使陶器表面呈现丰富多彩的纹样。

　　陶器成型技术以轮制、手制并存。大多数陶器器形规整，胎体较薄，皆轮制成型，部分陶豆上有纤细密集的轮修痕。陶豆的豆盘、豆把均分体制作再粘接成器。绝大多数陶豆的把上有圆形或圆形、三角形组合镂孔。印纹陶器系泥条盘筑手工成型，内壁残留密集而清晰的拍打胎壁时留下的垫具痕。

鼎　M15：9

好川墓地出土
口径 9.7、通高 17 厘米
夹细砂红褐陶

小口，仰折沿，圆唇，短束颈，垂腹，圜底，三鱼鳍
形足截面扁方。

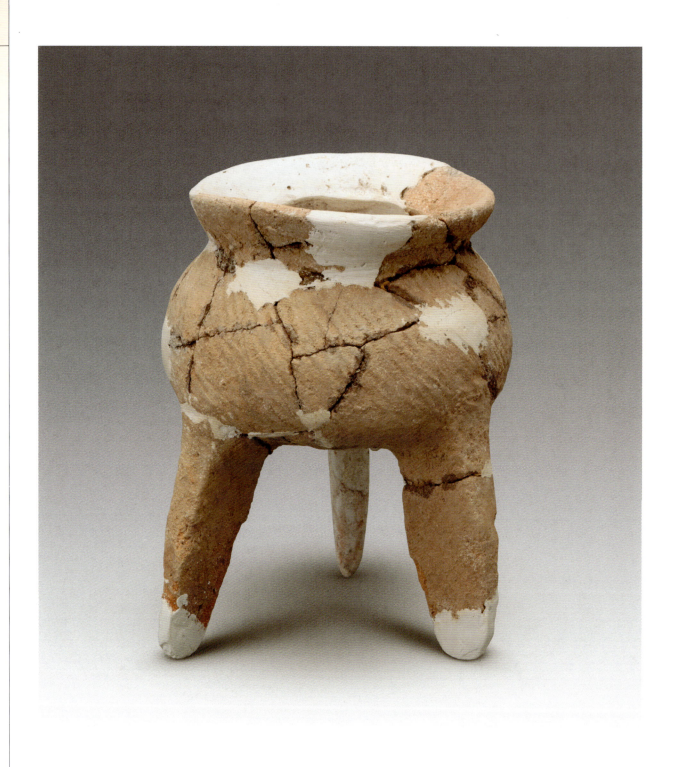

鼎 M9：1

曹湾山遗址出土

口径 11.2、腹径 12.2、通高 17.6 厘米

夹砂红陶

宽折沿上仰，圆唇，鼓腹，圜底近平，三鱼鳍形足截面扁方。腹部饰较稀疏的斜向绳纹。

鼎　M7：10

好川墓地出土
口径 16.2、通高 15.6 厘米
夹砂褐陶

平折沿，圆唇，宽扁鼓腹，圜底近平，三鱼鳍形尖状
足侧装，足截面扁方。中腹饰一周凸棱。器表存少量
烟炱。

鼎 M33：6

曹湾山遗址出土
口径 12.5、腹径 16.6、通高 10.9 厘米
夹砂褐陶

平折沿，圆唇，折腹，圜底，三鱼鳍形足截面扁方。
腹部饰一周凸棱。

鼎 M32：3 ▶

好川墓地出土
口径 15.4、通高 13.6 厘米
夹细砂红褐陶

宽平折沿，盆形折腹，三宽条形足外撇明显，足正
面弧凸、背面平。

三足盘 M14：6

好川墓地出土

口径 15.8、通高 12.5 厘米

泥质灰陶

仰折沿，沿面内凹，尖唇，盆形腹较深，三长方形宽
扁足略外撇。

三足盘 M60：8

好川墓地出土
口径 18.2、通高 14.5 厘米
泥质灰胎黑皮陶

仰折沿，沿面较宽且内凹，折腹较深，凿形足较高。
除器身底部和三足内侧外，整体涂朱。

敞口，圆唇，弧腹浅盘，三矮凿形足。口沿内侧和三足正面中段施朱红彩。

三足盘 M4：12

好川墓地出土
口径 22.2、通高 7.6 厘米
泥质灰胎黑皮陶

敞口，圆唇，弧腹浅盘，三矮凿形足。口沿内侧和三足正面中段施朱红彩。

豆 M26：6

好川墓地出土

口径 12.5、底径 9.4、高 12 厘米

泥质浅灰褐胎黑皮陶

敞口，弧腹浅盘，喇叭形把。把饰弦纹和弧边三角形
镂孔。

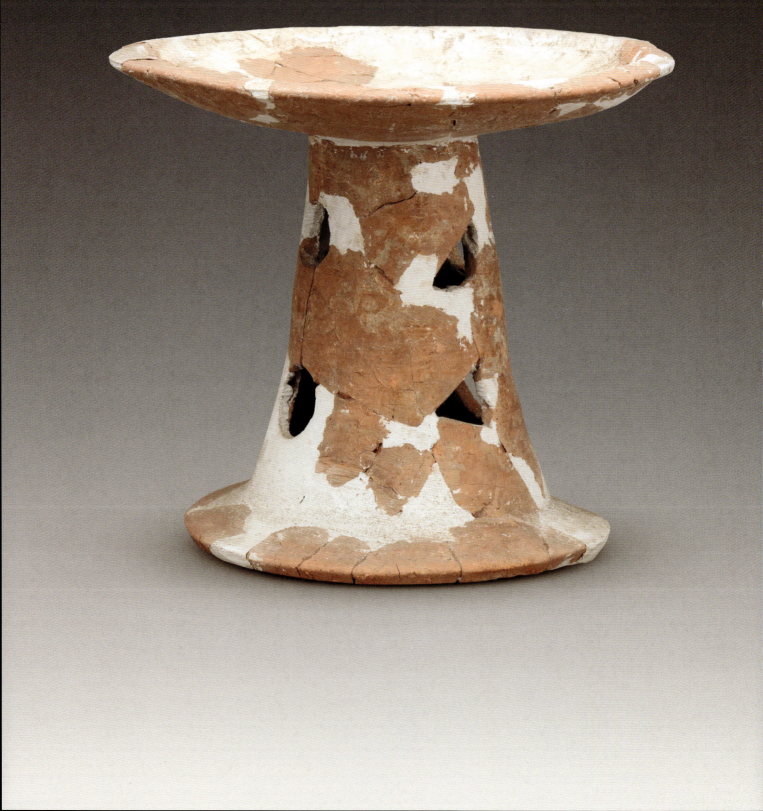

◀ 豆　M12：17

好川墓地出土

口径 23、底径 15.9、高 19.6 厘米

泥质灰褐陶

敞口，轨形口沿，弧坦腹浅盘，粗大喇叭形高把，
足底斜折。把饰圆形、三角形相间排列的镂孔。盘
底部粗糙。

豆　M51：17

好川墓地出土

口径 18.5、底径 16、高 17.2 厘米

泥质黑陶

微敛口，深弧腹盘，粗喇叭形把，足底外撇。把上
饰圆形、三角形和竖条镂孔，豆盘唇下外壁、足底
及三角形镂孔外均涂朱红彩。

豆 M15：4

好川墓地出土

口径 12.6、底径 10.8、高 15.6 厘米

泥质灰陶

侈口，尖唇，弧曲腹，盘底内折，喇叭形把。把饰弦
纹和圆形、三角形镂孔，下部饰一圈扉棱。

豆　M34：4

好川墓地出土
口径 13.5、底径 10.5、高 15.2 厘米
细泥质黄褐陶

敞口，圆唇，盘腹内曲，盘底斜折，喇叭形把。把饰
圆形镂孔。

豆 M73：10

好川墓地出土
口径 21.2、底径 15.6、高 13.3 厘米
泥质灰胎黑皮陶

敞口，尖唇，折腹浅盘，喇叭形把，足底平折。把饰
圆形镂孔。

豆　M52：16

好川墓地出土
口径 19.4、底径 13.6、高 14.8 厘米
泥质灰胎黑皮陶

敞口，圆唇，弧折腹盘，粗喇叭形把，足底平折。把
饰圆形、三角形镂孔。

豆　M31：5

好川墓地出土
口径 18.6、底径 14、高 13 厘米
泥质灰陶

敞口，圆唇，折腹浅盘，下有明显的垂棱，喇叭形把，足底斜折。把饰圆形镂孔。

豆　M36：6 ▶

好川墓地出土
口径 19.4、底径 17.2、高 16 厘米
细泥质灰胎黑皮陶

敞口，轨形口沿，弧腹浅盘，直把较粗，足底斜折。把饰圆形、弧边三角形相间镂孔。

豆　2004M13：4

好川墓地出土

口径 18.9、底径 17.3、高 17.8 厘米

泥质灰陶

敞口，轨形口沿，弧腹浅盘，直把，足底斜折。把饰
凸弦纹和圆形、弧边三角形相间镂孔。过烧变形。

豆　2004M5：2

好川墓地出土
口径 19.5、底径 19.9、高 17.4 厘米
泥质灰陶

直口，尖唇，弧腹，直把较粗，足底斜折。豆盘处有
一圈凸棱纹，把饰一圈凸棱纹和圆形镂孔。

豆 M9：12

好川墓地出土

口径 14.2、底径 14.8、高 21 厘米

泥质灰陶

口微敛，方唇，浅弧腹豆盘，弱垂棱，豆把高大，足
底斜折。把饰弦纹和圆形、弧边三角形镂孔。

豆 M10∶20

好川墓地出土

口径 15.6、底径 13.2、高 19.6 厘米

细泥质灰胎黑皮陶

敞口，弧腹浅盘，弱垂棱，喇叭形高把，足底斜折。把饰凹弦纹和圆形、弧边三角形镂孔，另刻画有一几何形人首图案。

豆 M57：10

好川墓地出土

口径 19.4、底径 15、高 17.2 厘米

泥质灰胎黑皮陶

微敛口，圆唇，弧腹浅盘，唇下有浅槽，盘底垂棱弱小，
喇叭形把，足底斜折。把上饰圆形镂孔，唇部、垂棱、
足底部各有一条朱红彩带，豆盘外表、足底上部饰朱
红彩圆斑。

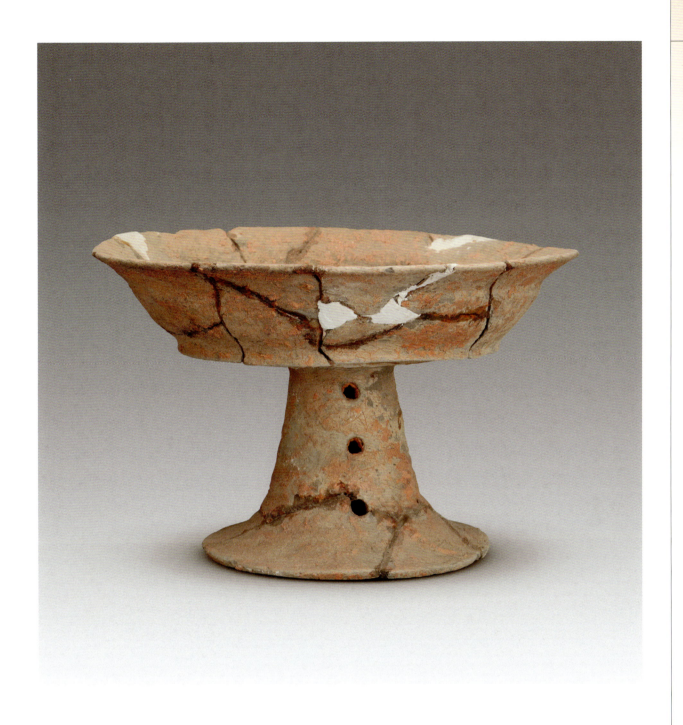

豆 M4：24

好川墓地出土

口径 23.2、底径 15、高 13 厘米

泥质灰胎黑皮陶

敞口，尖唇，弧腹浅盘，垂棱弱小，喇叭形矮把，足底外撇。把饰圆形镂孔。

豆 M14：4

曹湾山遗址出土
口径 20.4、底径 12、高 14.5 厘米
泥质灰陶

侈口，尖唇，弧折腹浅盘，垂棱弱小，喇叭形豆把，
足底外折。把饰圆形镂孔。

豆 T2H1：4

江山山崖尾遗址出土
口径 19.5、底径 14.5、高 14.5 厘米
泥质灰陶

敞口，尖唇，弧折腹浅盘，垂棱较明显，喇叭形矮把，
足底外撇。

▶ 豆　M31：11

好川墓地出土
口径 18.2、底径 17.5、高 25 厘米
细泥质灰胎黑皮陶

直口，尖唇，弧折腹浅盘，喇叭形高把。把饰弦纹
和圆形、三角形镂孔及竖向刻槽，足底残留朱红彩。

钵形豆　M49：12

好川墓地出土
口径 14.2、底径 9.2、高 13.1 厘米
泥质灰胎黑皮陶

敞口，弧折腹盘，豆盘较深，喇叭形矮把。把饰
圆形镂孔。

钵形豆　M4：13

好川墓地出土
口径 10.8、底径 9.5、高 14.8 厘米
泥质灰胎黑皮陶

敛口，圆唇，深钵形盘，喇叭形把，足底斜折。把
饰圆形镂孔，豆盘外表饰弦纹和朱红彩。

豆　江肩(四)5：3 ▶

江山山崖尾遗址出土
口径 17.4、底径 16.4、高 21.5 厘米
泥质灰陶

敞口，弧腹浅盘，高把上部较粗下部曲收变细，喇
叭形足底。豆把上部鼓起处饰一周凸棱。

豆　M7：23

好川墓地出土

口径 15.8、底径 7.6、高 10.8 厘米

泥质灰胎黑皮陶

直口微敛，折腹浅盘，细喇叭形把。

豆 M36：3

曹湾山遗址出土
口径 8.8、底径 7.9、高 15.2 厘米
泥质灰陶

侈口，圆唇，弧折腹盘较深，直把较粗，足外撇。口部饰一圈凸弦纹，把饰圆形镂孔。

圈足盘 M8：15

好川墓地出土

口径 17.4、底径 12.1、高 8 厘米

泥质灰陶

敞口，平折沿，弧腹圜底盘，盘腹较深，矮外撇圈足。

圈足盘 M7：24

好川墓地出土
口径 29.6、底径 20.8、高 15.2 厘米
泥质黄褐陶

平折沿略下垂，弧折腹浅盘，圈足粗大。足饰圆形、
三角形镂孔。

圈足盘 2004M6：2

好川墓地出土
口径 19.9、底径 12.1、高 8.2 厘米
泥质灰胎黑皮陶

敛口，弧腹浅盘，矮圈足。圈足饰单个大圆形和上
下两个小圆形相间镂孔。

圈足盘 M35：5

曹湾山遗址出土
口径 23.8、底径 15、高 8.7 厘米
泥质灰胎黑皮陶

折敛口，深弧腹，矮圈足。

簋 2004M8：3

好川墓地出土

口径 12.1、底径 7.9、高 6.7 厘米

泥质灰胎黑皮陶

窄折沿，圆唇，深弧腹，圈足较高，足墙外撇。

簋　2004M23：1

好川墓地出土
口径 12.3、底径 10.1、高 9.7 厘米
泥质灰陶

仰折沿，尖唇，深弧腹，矮圈足。腹部饰凹弦纹，圈
足饰圆形镂孔。

罐 M4：10

好川墓地出土

口径 13.2、底径 14.6、高 19 厘米

泥质灰陶

侈口，圆唇，矮束颈，弧肩，扁鼓腹，平底。

罐　M11：6

曹湾山遗址出土

口径 11.5、腹径 15、底径 11.1、高 14.1 厘米

泥质黑皮陶

敞口，圆唇，鼓腹，矮圈足。

罐　M31：5

曹湾山遗址出土

口径 11.4、腹径 21.6、底径 13.9、高 18.8 厘米

泥质灰陶

敞口较小，圆唇，短束颈，鼓腹，矮圈足。

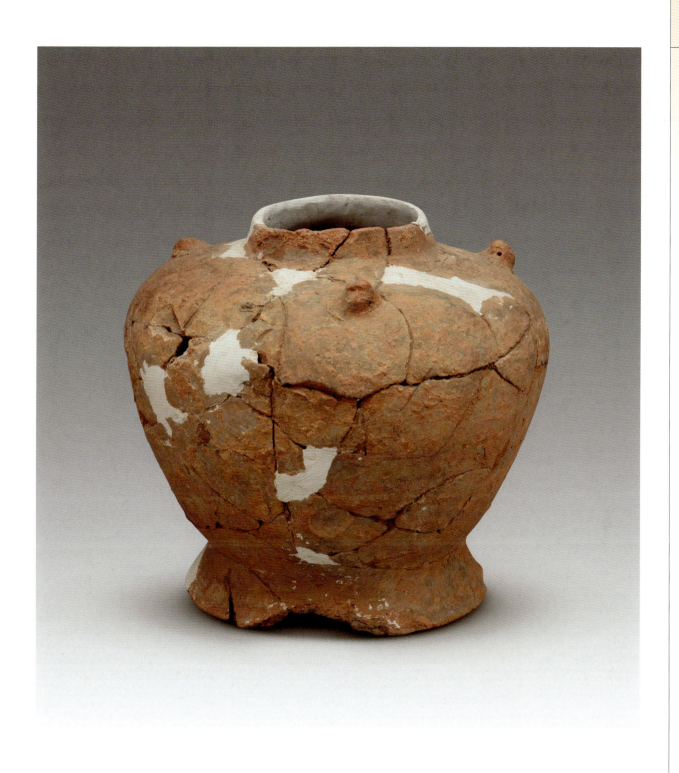

三啄罐　M20：2

好川墓地出土
口径 5.8、底径 10.4、高 12.9 厘米
泥质灰胎黑皮陶

小口微敛，广肩，矮圈足。肩部饰三个鸟啄状装饰。

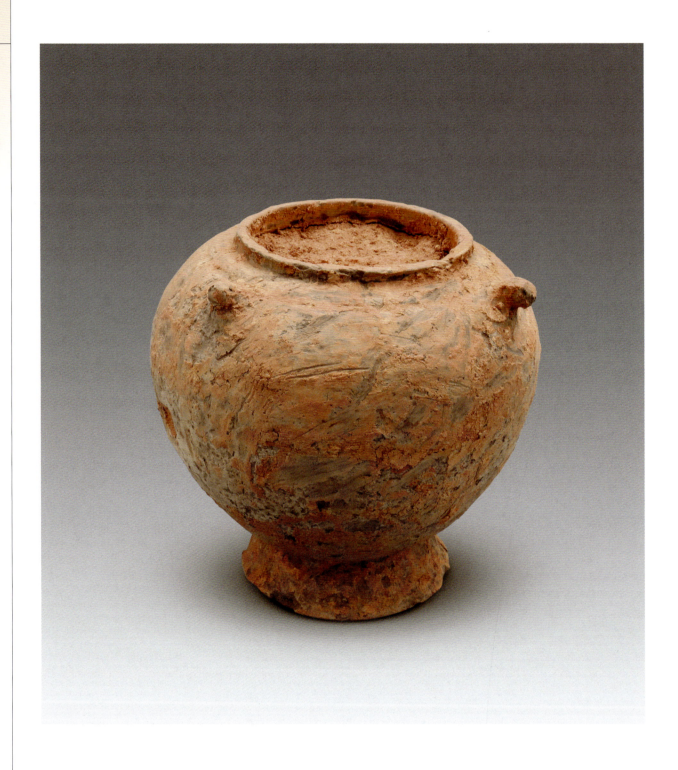

三喙罐 M14：8

好川墓地出土
口径 9、底径 9、高 14.5 厘米
泥质灰黑陶

矮直口，方唇，广肩，弧腹下收，圜底，矮圈足。肩
部有三个鸟喙状装饰。

三喙罐　M59：3

好川墓地出土
口径 9、底径 11.4、高 7.8 厘米
泥质灰胎黑皮陶

敛口，扁圆腹，大圈足，足底外撇。肩部饰鸟喙状装饰，
圈足饰两个圆形镂孔。

罐　M69∶1

好川墓地出土

口径 9.8、底径 9.4、高 16.6 厘米

青灰色印纹硬陶

侈口，尖唇，高束颈，溜肩，鼓腹，圜底，矮圈足。颈以下通体拍印横向浅条纹，并加饰附加堆纹一圈。口沿内侧有一划符号。胎质为泥质中含少量细砂。

罐 M31：2

好川墓地出土
口径 9、底径 9.6、高 17 厘米
青灰色印纹硬陶

侈口，尖圆唇，矮颈，溜肩，鼓腹，矮圈足。器身拍
印错向浅条纹并加饰一圈附加堆纹。

罐 M14：2

曹湾山遗址出土
口径 9.6、腹径 16.4、底径 6、高 11.5 厘米
夹砂褐陶

侈口，尖唇，矮束颈，扁腹，矮圈足较小。上腹部拍
印曲折纹，中腹部饰一周凸弦纹。

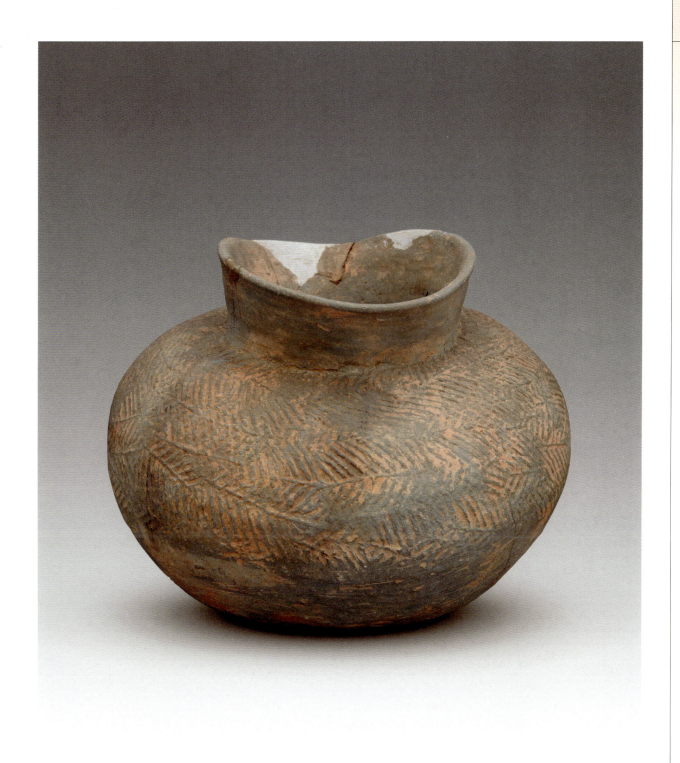

罐 M71：7

好川墓地出土
口径 9.4、高 14.2 厘米
青灰色印纹硬陶

侈口，圆唇，短束颈，扁鼓腹，圜底。上腹部拍印叶脉纹。胎中夹少量石英砂。过烧变形。

◀ 釜　M12：1

曹湾山遗址出土

口径 13.6、腹径 26.4、高 20.9 厘米

夹砂褐陶

仰折沿，尖唇，溜肩，垂腹，圜底。腹部拍印浅条纹。

壶　M49：10

好川墓地出土

口径 7.8、底径 7.6、高 12 厘米

泥质黑陶

敞口，圆唇，束颈较高，溜肩，弧腹下收，矮圈足。

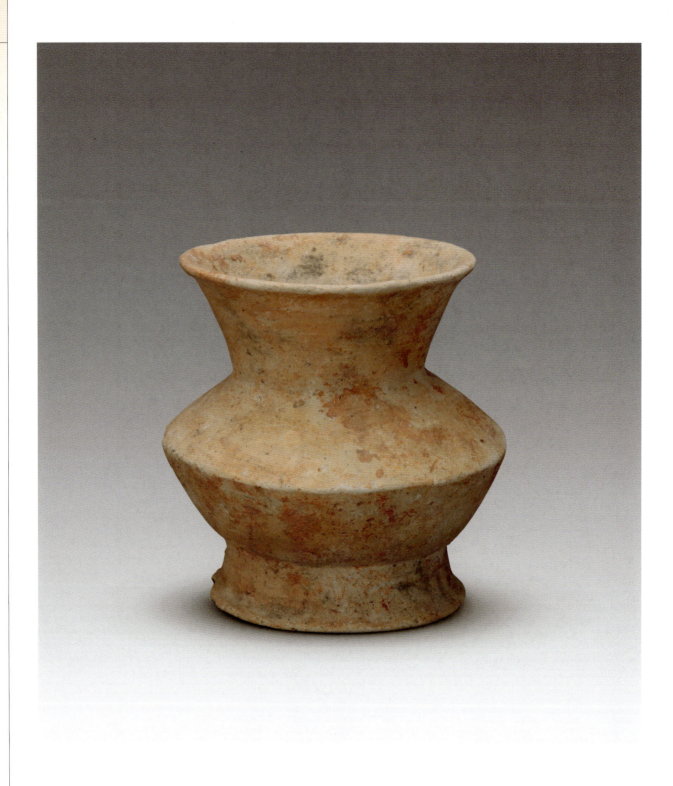

壶　2004M3：1

好川墓地出土
口径 8.4、腹径 10.4、底径 7.5、高 9.6 厘米
泥质灰陶

大敞口，圆唇，斜直长颈，折腹，矮圈足，圈足下部外撇。

壶　2004M13：2

好川墓地出土
口径 7.4、腹径 9.1、底径 5.8、高 10.1 厘米
泥质灰陶

敞口微侈，尖唇，喇叭形长颈，鼓肩，矮圈足略小，
圈足外撇。

壶　M11：2

曹湾山遗址出土

口径 7.5、腹径 10.1、底径 17.8、高 12.2 厘米

泥质灰胎黑皮陶

敞口，尖唇，喇叭形长颈，溜肩，鼓腹，矮圈足。

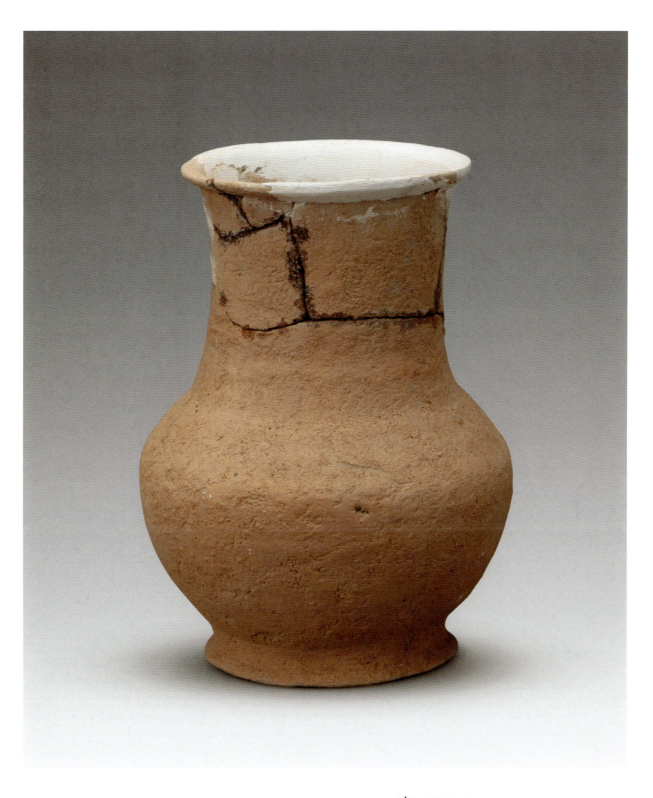

壶 M21：1

曹湾山遗址出土
口径 9.9、腹径 13、底径 8.9、高 17.1 厘米
泥质红陶

侈口，圆唇，喇叭形长颈，鼓腹，矮圈足。

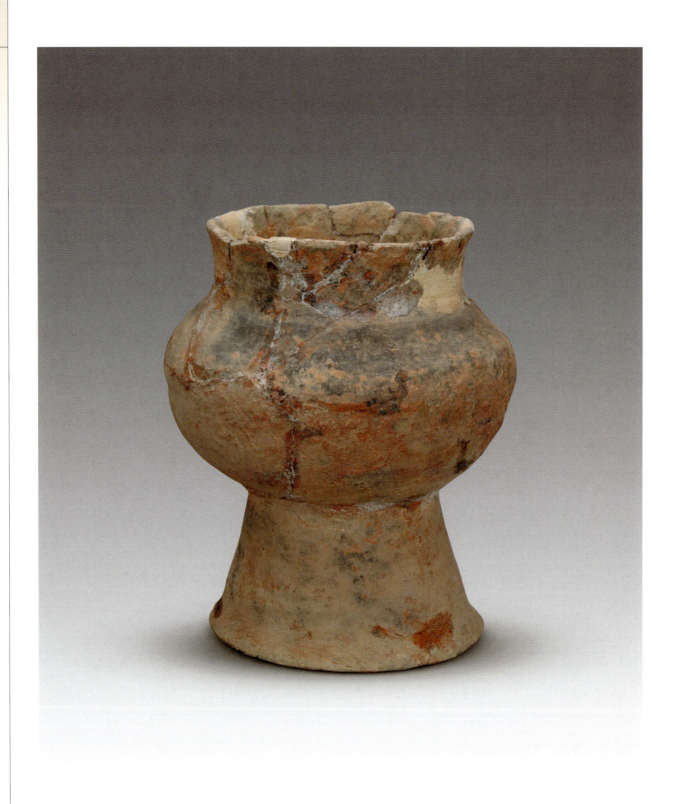

壶　2004M5：4

好川墓地出土

口径 9.6、腹径 11.9、底径 9.9、高 14.7 厘米

泥质灰胎黑皮陶

敞口，圆唇，矮束颈，鼓腹，高圈足。

壶　2004M13：1 ▶

好川墓地出土

口径 11.1、腹径 14.8、底径 9.6、高 18.5 厘米

泥质灰陶

敞口，斜直长颈，丰肩，鼓腹，平底。

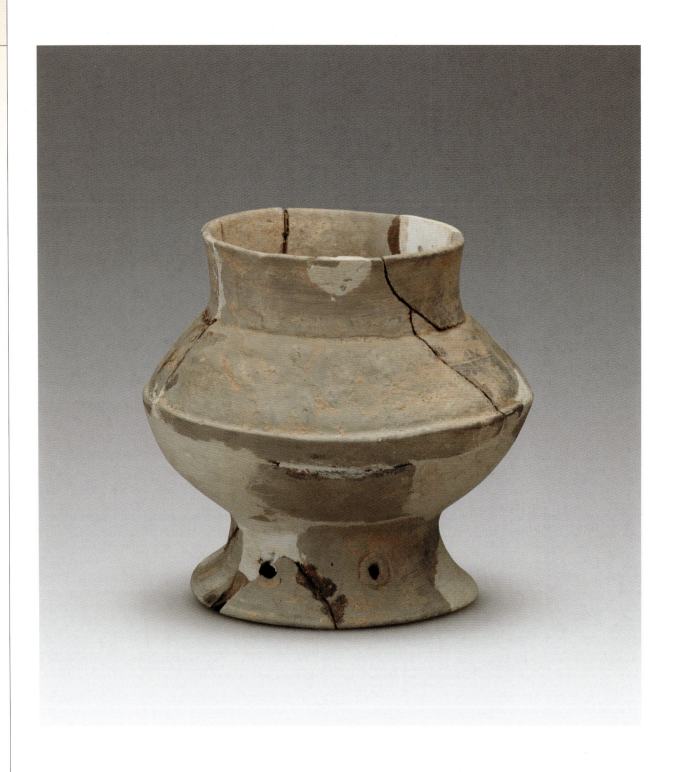

壶　M14：1

曹湾山遗址出土
口径 10.2、腹径 13.8、底径 10.9、高 13.4 厘米
泥质灰陶

直口微敞，尖圆唇，束颈，折腹，矮圈足，圈足外撇。
腹部饰一周凸棱，圈足饰圆形镂孔。

壶 M28：2

曹湾山遗址出土
口径 10、腹径 14.1、底径 8.6、高 16 厘米
泥质灰陶

侈口，圆唇，喇叭形长颈，垂腹，矮圈足。上腹部拍印竖向条纹，下腹部拍印横向条纹。

鬶 M32：12

好川墓地出土
通高 24.6 厘米
夹细砂红褐陶

捏口成流，颈粗短，腹腔较大，袋足显胖，裆较低，
环形宽把安于后足上部，整体略前倾。两前足上部
饰索状附加堆纹。器表面抹光。裆部有较多烟炱。

鬶 M41：1 ▶

好川墓地出土
通高 26 厘米
夹砂褐陶

捏口为流，颈较长，腹腔较小，袋足较胖，粗泥条
拼粘环形把安于后足上部。二前足上部有附加堆纹
装饰。

鬶 M18：10

好川墓地出土
通高 26.4 厘米
夹砂灰陶

大口，流较长，细颈，腹腔显小，袋足瘦长，后足安
半环形把。两前足上部饰附加堆纹。

鬶 M49：19

好川墓地出土

通高 26 厘米

夹细砂灰陶

管状流较长，长颈，腹腔较小，袋足外撇，环形把较小。

◀ 鬶　T2H1：1

江山山崖尾遗址出土

通高 25 厘米

夹砂褐陶

口残。管状流，细长颈，腹腔较小，袋足瘦高外撇，环形把安于后足上部。

鬶　M10：6

好川墓地出土

通高 19.4 厘米

夹细砂灰陶

小口，直颈，袋足稍瘦，形体轻巧。两前足上部饰附加堆纹。胎较薄。

盉 M4：27

好川墓地出土

口径 7.6、底径 11.2、高 12.4 厘米

泥质灰胎黑皮陶

直口，圆唇，广肩，一侧有小管状流，另一侧有环形把，弧扁腹，矮圈足。

盉 M49：11 ▶

好川墓地出土

口径 12、底径 12、高 20.2 厘米

泥质灰白陶

敞口，圆唇，高领，扁鼓腹，矮圈足，足底外撇，管状流较长，环形宽把。

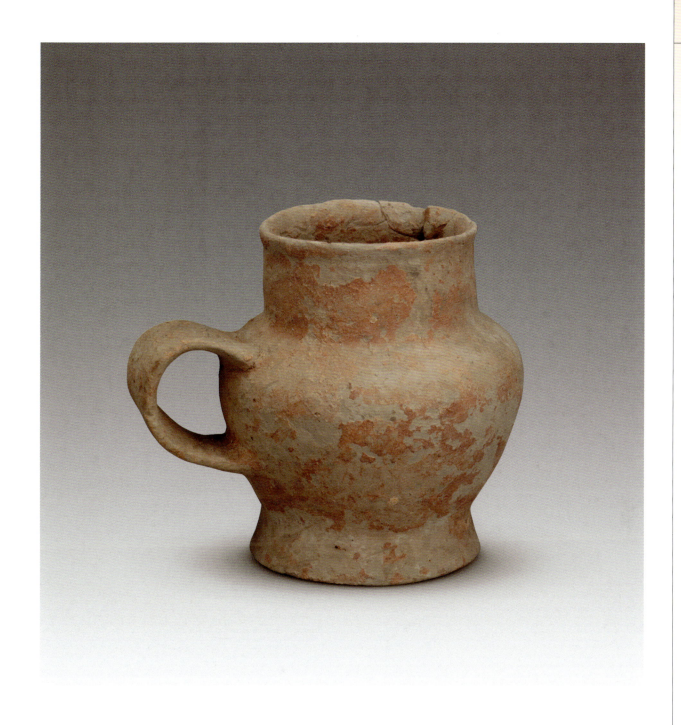

◀ 盉　M28：9

好川墓地出土
口径 10.8、底径 11.6、高 17.2 厘米
青灰色硬陶

敞口，高领，扁鼓腹，圜底，矮圈足，环形把，管状流。
内壁留有垫子痕，器表留有未抹光的拍印浅条纹。

杯　M36：2

好川墓地出土
口径 6.3、底径 6.4、高 9.7 厘米
泥质灰陶

直口微敛，圆唇，丰肩，鼓腹，矮圈足，圈足下部
微外撇，中腹安环形单把。

杯 M32∶7

好川墓地出土
口径 8.6、底径 8、高 9 厘米
泥质灰胎黑皮陶

侈口，圆唇，鼓腹下垂，矮圈足，环形单把置于口沿
和中腹之间。

杯　2004M18：3

好川墓地出土
口径 7.2、底径 5.6、高 7.3 厘米
泥质灰胎黑皮陶

敛口，圆唇，鼓腹，矮圈足，环形把安于中腹。上腹部饰一周凸宽带纹和一周凹弦纹。

杯 2004M5∶3

好川墓地出土

口径 9.7、底径 6.6、高 10.9 厘米

泥质灰胎黑皮陶

敛口，圆唇，筒腹，矮圈足，环形把安于口腹处。

杯 M27：6

好川墓地出土
口径 6、底径 7.4、高 8.6 厘米
泥质灰胎浅黄褐陶

直口，圆唇，筒腹，矮圈足下部坦平。

尊 M60：6

好川墓地出土

口径 8.9、底径 9.6、高 16.4 厘米

泥质灰胎黑皮陶

敞口，尖圆唇，高领，丰肩，弧腹下收，喇叭形高圈足外撇。

大口尊 M29：4 ▶

好川墓地出土

口径 16.8、底径 8、高 21.5 厘米

细泥灰陶

大喇叭形敞口，方唇，高领，弧腹，平底。肩腹部饰抽象鸟形堆塑。

熏 M4：8

好川墓地出土

口径 13.2、底径 9.6、高 7 厘米

泥质黄褐陶

敛口，圆唇，斜直腹，矮圈足。腹饰两圈圆形镂孔，
通体饰红彩。

单把大盘　M4：26

好川墓地出土

口径 32.1、底径 27、高 6.4 厘米

泥质灰胎黑皮陶

敞口，尖唇，浅斜腹，大平底，矮圈足，口沿外附一牛鼻形把。把上饰二圆形镂孔，内外壁有朱红彩痕。

甗 M35：4

曹湾山遗址出土
口径 14.2、高 8.5 厘米
夹砂褐陶

侈口，圆唇，深弧腹，圜底，把安于口腹部。器底施
若干密集的圆形镂孔。

石　器

　　好川文化大中型墓葬多随葬有石器，每墓 1~15 件不等，多在 1~5 件之间。小型墓葬一般无石器随葬或仅随葬 1 件石镞。石器种类有镞、锛、钺、刀、珞等，以镞为大宗，石镞数量占石器数量的 2/3 强。同时随葬有镞、锛、钺的墓葬数量不多，多数仅随葬镞、锛、钺中的一种或两种。

　　石器绝大多数磨制，石钺磨制较精细，部分经抛光处理。钻孔以双面管钻为主，也有一部分的实心钻（梃钻）。石镞整体较扁薄。石料以青灰色泥岩为主，也有少量绛色泥岩。

石钺　M47：2

好川墓地出土
长 14、刃宽 9 厘米
青灰色细砂岩

通体磨光，窄顶宽刃，偏锋，双面管钻孔。

石钺　M14：1

好川墓地出土

长 17.7、宽 12.5 厘米

青灰色泥岩

窄顶宽刃，正锋，钻双目形小孔，双面梃钻，顶端粗磨。
刃部有少量细崩疤。

异形石钺　M13：4

好川墓地出土
长 11.2、宽 7.5 厘米
青灰色细砂岩

宽顶窄刃，两侧边磨刃弧收，上部钻双目形小孔，孔
为双面梃钻。

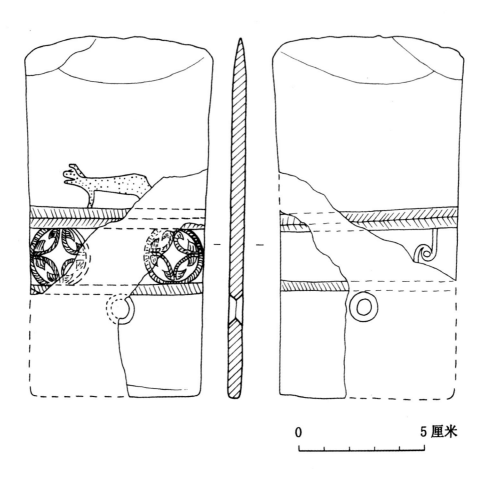

0   5 厘米

石钺 采: 08

好川墓地出土

长 14.1、刃宽 7.8 厘米

青灰色泥岩

窄长体，弧刃有崩缺，双面管钻孔。石钺两面均有阴线细刻纹。正面，钺孔上两条平行横线间填斜短线为底，上面有 3 个圆圈十字星纹（残存 2 个，从布列的位置看应有 3 个），其上是三条平行横线间填犄角斜短线，再上面用细阴线勾勒轮廓，轮廓内布满琢点的"天狗"图案。天狗站立，伸颈昂首张嘴，前腿并拢，后腿残缺。背面纹样主体是勾连纹，因残缺，整体图案不清楚。

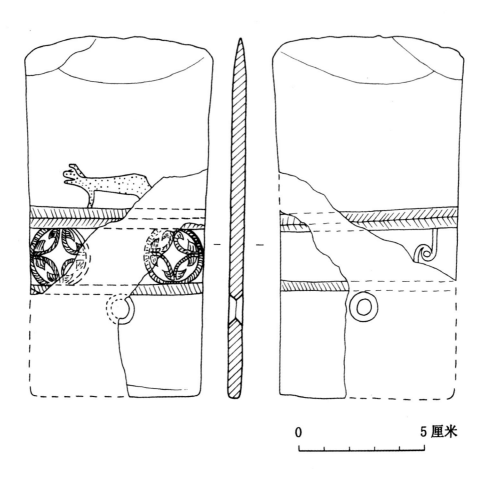

三孔石刀　M29：33

好川墓地出土

长 16.6、宽 9、厚 0.9 厘米

灰色泥岩

一端宽，一端稍窄，单面刃，三孔一面为单面深管钻、
另一面廓孔，刀背粗磨。

弧背石锛　M38：2

曹湾山遗址出土

长 8.3、宽 3.7、厚 1.5 厘米

泥质灰岩

瘦长梯形。通体片疤，仅刃部附近磨光。

石锛　T102②：3

曹湾山遗址出土

长 6.3、宽 2.8、厚 1.1 厘米

绛色泥岩

通体磨光。弧边长方形，单面刃，上部
有一双面管钻孔。

石镞 M14：4 / M29：26 / M29：21 / M14：22

好川墓地出土

长 4.9 厘米 / 长 6.7 厘米 / 长 5.2 厘米 / 长 7.6 厘米

绛色泥岩和灰色泥岩

M14：4 扁铤；M29：26 扁铤；M29：21 铤较厚；M14：22 镞体
扁薄，短铤长锋。

石镞　T102②：8

曹湾山遗址出土

长 8.3、宽 1 厘米

泥质灰岩

镞身分段，上部截面呈三角形，下部截面呈圆形。圆
铤残。

石镞　T303②：29

曹湾山遗址出土

长 5.9、宽 2.4、厚 0.4 厘米

泥质灰岩

翼较宽，有倒刺。两面的突脊被磨平，截面呈扁六棱
形，扁圆铤。

玉　器

　　好川文化墓葬多数有玉器随葬，每墓 1~4 件不等，多数墓葬仅随葬 1 件玉器。器类有钺、锥形器、珠、锛、管、钩形器、刀、玦、珌、片饰等，其中锥形器的数量最多。

　　玉片当为与漆器有关的饰件，为各种形态的曲面玉片，出土时黏附在漆痕上，正面朝上、背面朝上和侧立等情形都有发现。

　　玉器质料以闪玉（透闪—阳起石系列软玉）为主，还有少量的玛瑙、水晶、石英、滑石、绿松石等材料。玉色以鸡骨白居多，部分杂灰白青斑、青黄斑。除钺外，器形均很小。玉工精湛，开材切割工艺独到，钻孔技术娴熟、抛光良好，玉材利用率极高，不同造型的曲面玉片是好川文化精湛玉工技艺的集中表现。

玉钺　M29：32

好川墓地出土
长 11.6、宽 6.8、厚 0.7 厘米
米黄色玛瑙质

顶端粗磨，其余整体抛光，单孔正面深管钻，背面廓孔，
刃部有极细崩疤（可能是打制成坯过程中形成的疤痕）。
玉质半透明，杂两块红黑斑。

玉钺　M56：2

好川墓地出土
长 7.7、刃宽 7.2 厘米
浅黄色软玉

钺体宽短，平刃，近顶端中部对钻一孔。

玉钺　M2：20

好川墓地出土

长 8.4、宽 9.4、厚 0.5 厘米

浅褐灰色软玉

方刃有崩疤，近顶端有一对钻孔，孔偏于一侧。

玉锥形器 M60：1 / M1：3 / M53：1

好川墓地出土

长 9.8 厘米 / 长 12.1 厘米 / 长 16.6 厘米

鸡骨白色软玉 / 浅青灰色软玉 / 青灰色软玉

M60：1 圆形锥体，锥尖锋利，圆榫；M1：3 方体，尖圆榫，局部有墨绿、黄褐斑；M53：1 方体锥形，圆榫。

玉锥形器　M41：2

曹湾山遗址出土
长 11.7 厘米
鸡骨白色软玉

方体，尖圆榫。

玉锥形器 M37：4

曹湾山遗址出土
长 9.9 厘米
黄褐色软玉

方体，尖圆椎。局部有墨绿斑。

玉锥形器 M37：4 显微照片

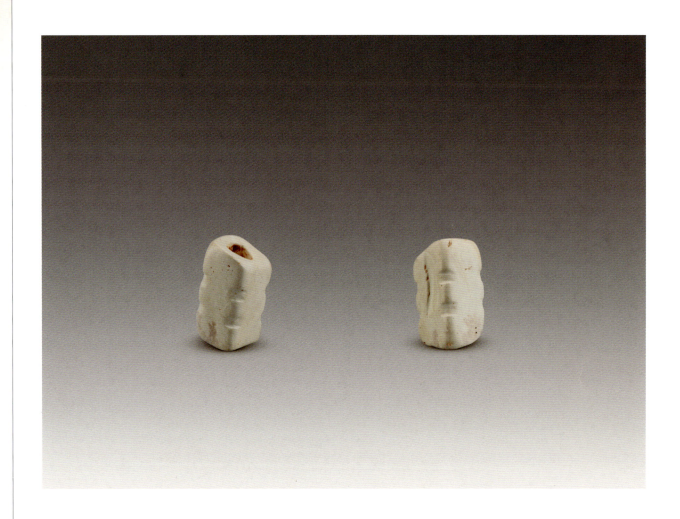

玉琮形管 M51：10

好川墓地出土

管长 2.6、横截面边长 1.4 厘米

鸡骨白色软玉

形制不甚规整。方体圆孔，四面镌刻二道凹槽，具琮
的外形，对钻孔，外口不甚圆正。

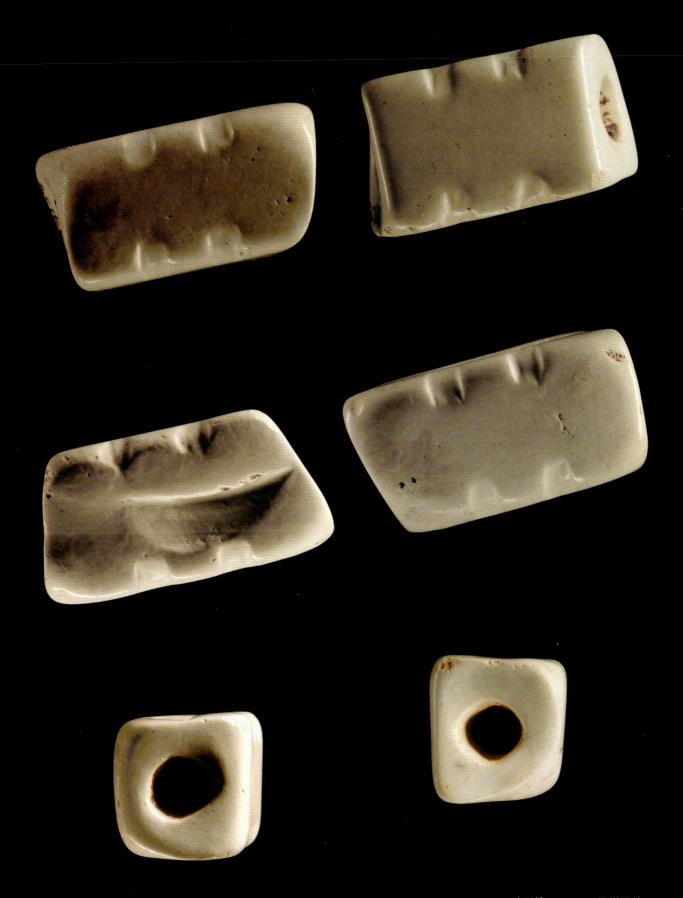

玉琮形管 M51：10 显微照片

玉方管 M30：3 显微照片

玉方管　　M30：3

好川墓地出土

长 1.1、宽 1 厘米

鸡骨白色软玉

方体，对钻孔。方体四面有减地浅浮雕日、月形图案，
以角线为对称轴。

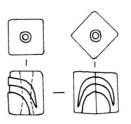

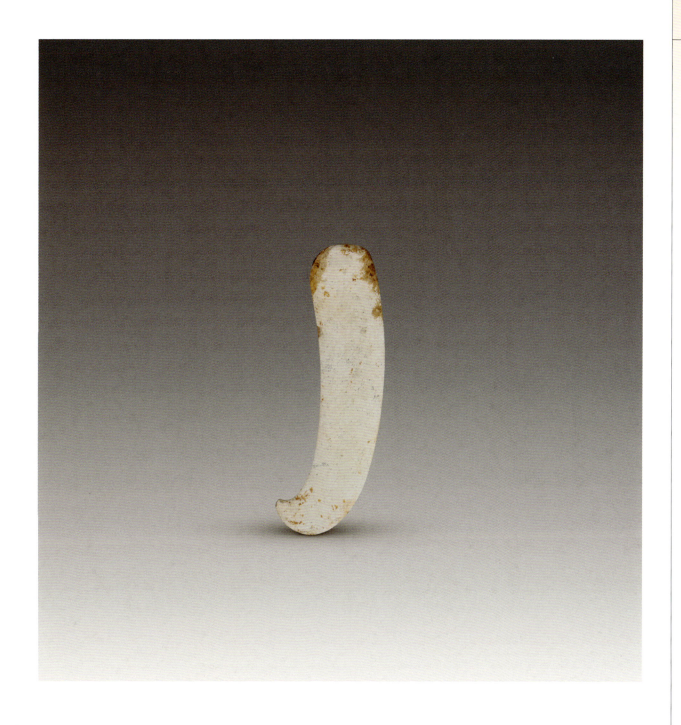

玉钩形器 M2：1

好川墓地出土
长 5、宽 1.2 厘米
鸡骨白色软玉

形似翘首小刀，无明显刀部。略带青褐斑。

玉饰片　M1：1

好川墓地出土

漆器玉饰片。出土于墓主人头部右上侧。具体形状不明，仅见 11 块不同几何形状的曲面玉片呈圆棍状分布，原应是镶嵌或黏附于圆形棍状有机质物体上。漆痕范围长 12、直径 3 厘米左右。玉片为软玉，青白色居多，少量鸡骨白。均曲面，正面抛光，背面粗糙。其中 3 片留有弧形线切割痕迹，1 片钻有一小圆孔。玉片厚 0.1~0.3 厘米。

玉饰片 M1：1-6 显微照片

玉饰片　M60：2

好川墓地出土

漆器玉饰片。漆器具体器形不明，现场发现 22 片不同形状软玉片密
集散布于 15 厘米 ×13 厘米的范围内。3 片沁蚀严重，余 19 片玉色
鸡骨白带青绿色结晶。有祭坛形 2、冠状饰形 1、梯形 1、圆形 2、
立鸟侧视形 1、长方形 3、等腰三角形 9。3 片长方形和 9 片三角形
玉片合围构成漆器的上下两端。三角形玉片正面抛光，背面磨平。
余均为曲面体，正面抛光，背面打磨未抛光。两片祭坛状玉片造型
均为三重台阶的高坛状，束腰，长、宽分别为 8.4、4.3 厘米和 6.4、4.2
厘米。冠状饰形玉片，分上下两部，上部正中凸尖，下部用浅横弦
纹表现抽象神面，侧边有齿牙，整体造型像一头戴冠冕的神像，高 4.3、
宽 4 厘米。梯形玉片高 3.2、底宽 2.6 厘米。

冠状玉饰片 M60：2-7

祭坛形玉饰片 M60：2-13

祭坛形玉饰片显微照片

玉饰片　M62：4

好川墓地出土

漆器玉饰片。漆器具体器形不明，仅见 12 件玉饰片和 1 件玉箍圈集中分布于长 15、宽 7 厘米范围内。玉片多鸡骨白软玉，形状有长方形、圆形、椭圆形、梯形、祭坛形等多种，均为弧曲面体，正面抛光，背面粗糙。其中祭坛形玉片 4 片，滑石质较软，黄褐色，系同一坯料切割加工而成，石片上端呈三重台阶状，曲面束腰，平底，长 3、宽 1.9 厘米。玉箍圈 1 件，鸡骨白软玉，箍圈中间稍束腰，高 2.3、直径 3.1 厘米。推测大概是长 15、直径 3 厘米的圆柄形物体，一段套圆箍，中间镶嵌或黏附不同形状玉片。

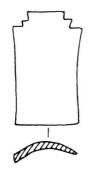

149

玉饰片　M23：3

曹湾山遗址出土

漆器玉饰片。漆器器形不明，仅见9片玉饰片和1件玉箍圈。玉片
多鸡骨白色，形状有椭圆形、祭坛形、长方形、三角形等多种，均
为弧曲面体，正面抛光，背面较粗糙。其中椭圆形玉片2片，其中
一片带锯齿，长2.6、宽2.4厘米，另一片长2.6、宽2.3厘米。祭坛
形玉片1片，玉片上端呈三重台阶状，曲面束腰，平底，长2.8、宽2.6
厘米。三角形玉片2片，较小者长1.5、宽0.4厘米，较大者长2.8、
宽1.5厘米。圆角矩形玉片1片，长1.8、宽1.5厘米。长方形玉片2
片，较长者长5.6、宽1.4厘米，较短者长1.9、宽1.5厘米。台阶状
玉片1片，顶部呈台阶状，长1.8、宽1.4厘米。箍圈1个，直径3.3、
孔径2.8、高1.8厘米。

玉箍圈 M23：3-3 显微照片

漆　器

　　漆器多出土于墓主人头部左右上侧，且多与玉锥形器相邻，多数一墓仅随葬 1 件。出土时皆仅见红色漆痕，器表大部分镶嵌或黏附有各种不同形态的几何形石片、几何形曲面玉片。从较完整清晰的几件漆痕看，器形主要有亚腰形和圆柄形两种，比照余杭卞家山遗址出土的髹朱漆觚，亚腰形漆器应该是漆觚的残痕。

漆觚 M8:2

好川墓地出土

漆痕通长36、最宽14厘米

仅见亚腰形朱红漆痕及18件石片。石片为叶蜡石，呈多圆圈箍状分布，形状以圆角长方形为主，两端弧凸或弧凹，也有圆形、椭圆形，正面弧凸抛光，背面平、粗磨未抛光，厚0.2厘米左右。

漆觚 M39：2

好川墓地出土

漆痕长 26、宽 6~10 厘米

长条形红色漆痕，一端宽一端窄，10 片小石片分两圈附着于漆痕上。石片的质地为青绿色叶蜡石，背面粗磨，正面抛光，形状有长方形、椭圆形、不规则形三种，厚 0.1~0.25 厘米。

漆觚 M47：13

好川墓地出土

漆痕长 23、腰宽约 4、两端宽分别为 6 和 9 厘米

朱红色漆痕，平面呈亚腰形。

后 记

　　光阴似箭，日月如梭。1997年4月21日与刘斌星夜赶赴遂昌，考古所同仁会战岭头岗60天的情景历历在目，转眼间20年过去了。

　　2001年《好川墓地》考古报告出版，原本计划举办一个报告首发式并小型学术研讨会，对好川文化的相关问题进行研讨，也得到省文物局领导的重视支持，还预留了经费。但由于种种原因，未能如愿，十分遗憾。

　　2002年发现并发掘了温州曹湾山遗址，2004年在好川岭头岗的东北坡发掘了好川墓地的平民墓区，大大丰富了好川文化的考古资料，深化提升了对好川文化的认识。由于抢救性考古发掘任务重等原因，这两处遗址的考古资料未能及时整理发表。

　　2017年，好川墓地发掘20周年，所里决定召开一个学术研讨会，举办一个小型展览，出版一本小型图录，期望能促进好川文化研究的深入。这一决定得到了遂昌县的热烈响应和大力支持。

　　本次好川文化特展，广东省文物考古研究所、福建省博物院、山东省文物考古研究所、江西省文物考古研究院、山东省莒县博物馆、江西省广丰县博物馆和我省江山博物馆等单位，无偿提供借展文物，共襄展览。在此诚致谢忱！

　　图录主要收录本所发掘的好川墓地、曹湾山遗址的考古资料，并尽可能多地发表好川墓地平民墓区和曹湾山遗址的资料，以方便大家的研究。玉器显微照片由香港中文大学邓聪先生与本所合作课题时拍摄。由于兄弟单位的借展文物不少材料尚未公开发表，没有收入本图录。

　　好川文化学术研讨会举办在即，我们热切期盼对好川文化发掘研究极其关心的张忠培先生、严文明先生、李伯谦先生等前辈能莅会指导。没有想到令人尊敬的张忠培先生永远离开了我们，在此发表张先生在遂昌汤显祖纪念馆观摩好川文物的珍贵照片，表达我们对先生的诚挚敬意和永远的怀念。

　　1997年，鲍贤伦上任浙江省文物局局长伊始，亲临好川墓地发掘现场，并题写《好川墓地》书名。现在，鲍局长在书协主席岗位继续支持我所的工作，又给《好川文化集萃》赐墨，给我们以鼓舞和激励。

　　感谢为本图录编辑出版给予帮助的所有同仁朋友。朱叶菲完成了大量的编务工作，令人感动。

编　者

2017年11月12日